AF547311

ALEXANDER SCHELLE

DIE MACHT DER SELBST HYPNOSE

Das Buch für alle, die mehr vom Leben wollen.

Das 5-Minuten-Programm für dein Unterbewusstsein.

Wie du durch Selbsthypnose innere Blockaden zielsicher auflöst und all deine Ziele mühelos erreichst.

Bibliografische Information der Deutschen Nationalbibliothek:
Die Deutsche Nationalbibliothek verzeichnet diese Publikation in der Deutschen Nationalbibliografie; detaillierte bibliografische Daten sind im Internet über http://dnb.d-nb.de abrufbar.

2. Auflage 2024

Redaktion: Robert Gazke
Umschlaggestaltung: Babette + Rüdiger
Satz und Layout: Babette + Rüdiger
Bild S.34 Adobe ©freshidea

ISBN Print: 978-3-910385-34-4
ISBN E-Book: 978-3-910385-35-1

www.kniga-verlag.de

Ich habe das Buch geschrieben, aber ganz viele Menschen haben es erst möglich gemacht, dass ich in der Lage war es zu schreiben.

Meine Eltern haben mich zu einem neugierigen und wissbegierigen Menschen erzogen, meine Frau Natalie gibt mir seit mehr als 30 Jahren den Rückhalt meine zum Teil verrückten Ideen auszuleben und unsere Kinder Miriam und Celina geben mir die tägliche Inspiration, Dinge auch von einem anderen Blickwinkel zu sehen.

Nicht zu vergessen die vielen Kollegen, die ihr Wissen mit mir geteilt haben und da besonders Thomas, Rainer und Anthony, die mir den Weg in eine neue Welt, in die Welt der Hypnose ermöglicht haben.

VIELEN DANK

INHALTSVERZEICHNIS

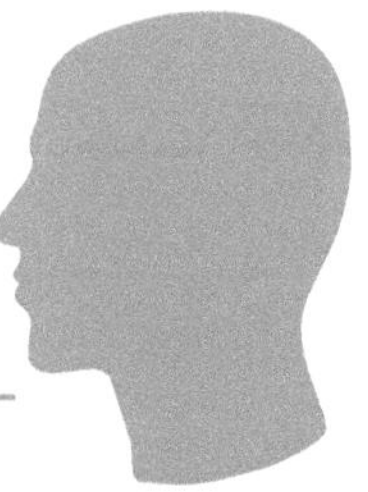

Die Erkenntnis, dass das Unterbewusstsein durch Gedanken gelenkt werden kann, ist vermutlich die größte Entdeckung aller Zeiten.

William James (1842-1910)

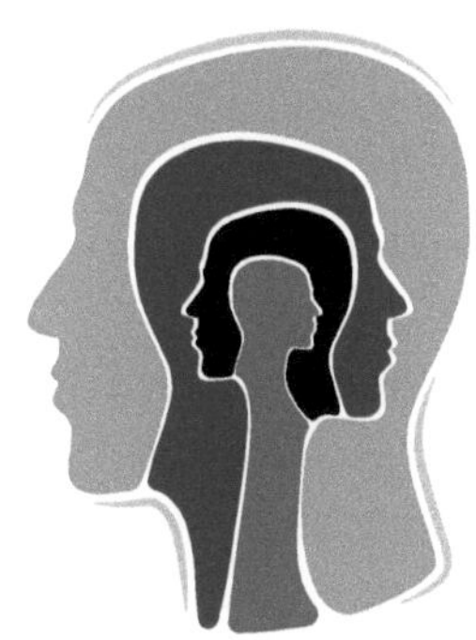

VORWORT

Es freut mich, dich auf deinem Weg zu einem neuen Selbstbewusstsein begleiten zu dürfen, und dabei ist es völlig egal, ob du kleine unangenehme Angewohnheiten abstellen, Stress abbauen und dich vor einem Burn-out bewahren möchtest oder ob du mehr Distanz, Selbstliebe oder Selbstvertrauen benötigst. Wichtig ist, du stehst im Vordergrund und es ist dein Leben.

Da unser Unterbewusstsein die distanzierte Anrede mit „Sie" nicht versteht, werde ich dich von Anfang an duzen. Außerdem möchte ich gleich zu Beginn darauf hinweisen, dass wenn ich von ihm oder von ihr schreibe, natürlich immer alle drei Geschlechter damit ansprechen möchte, dich aber nicht damit quälen will, den Text unnötig in die Länge zu ziehen.

Dieses Buch soll dir dabei helfen, innere Blockaden zu lösen und dein volles Potenzial zu entfalten. Ich möchte dir mit meinen und den Erfahrungen meiner Seminarteilnehmer helfen, deinen eigenen Weg bei der Kommunikation mit deinem Unterbewusstsein zu finden.

Ich bin vor mehr als zehn Jahren aufgrund meiner Leidenschaft für den Mentalismus das erste Mal mit dem Thema Hypnose in Berührung gekommen. Nach der Faszination, was man alles bei anderen Menschen mit dem Werkzeug Hypnose bewerkstelligen und wie man sie beeinflussen kann, wenn man zu ihrem Unterbewusstsein vordringt, drehte sich das Bild mit der Zeit zu meinem eigenen ICH.

Wenn es möglich ist, das Weltbild eines fremden Menschen zu verschieben, muss es doch gleichermaßen möglich sein, eigene Verhaltensweisen, die man sich über die vielen Jahre angeeignet hat, wieder zu decodieren bzw. nach der Entschlüsselung wieder neu zu programmieren, wie man es selbst gerne hätte.

Der folgerichtige Schritt war die Ausbildung zum Hypnotherapeuten. Das neu gewonnene Wissen half mir nicht nur dabei, zehn Kilogramm abzunehmen, sondern auch meine Leistungsfähigkeit nach oben zu schieben und gleichzeitig mit vielen Dingen entspannter umgehen zu können. Ich konnte also meine eigene Programmierung, die sich über Jahrzehnte aufgebaut und verfestigt hatte, in Trancezuständen mit Suggestionen neu programmieren.

Was ich so einfach beschreibe, war ein Prozess, bestehend aus der Aneignung von Fachwissen aus den Bereichen Hypnose und Neurolinguistisches Programmieren (NLP), dem Ausprobieren der unterschiedlichen Methoden und Möglichkeiten der Hypnose sowie der anschließenden Erfahrung, was tatsächlich funktioniert. Denn Hypnose ist weder Hokuspokus, bei dem man ums Lagefeuer tanzt, bis die Wirkung einsetzt, noch gleicht sie einer medizinischen Spritze, die (hoffentlich) schon selbst weiß, was sie in unserem Körper zu tun hat.

In meinem Seminar „Selbsthypnose" lehre ich seit 2014 den Teilnehmern, wie man sich selbst in Trance begibt und in diesem Zustand sein Unterbewusstsein neu programmieren kann. Für mich ist in dieser Zeit das Thema Hypnose zu einer Herzensangelegenheit geworden, ich durfte erleben, wie meine Teilnehmer lästige Angewohnheiten in den Griff bekamen, entspannter wurden und sogar im Kreißsaal den Selbsthypnose-Anker nutzten.

Dieses Buch soll mein gesammeltes Wissen und meine gemachten Erfahrungen bündeln in der Hoffnung, dass du damit dein volles Potenzial entfalten und deine Ziele mühelos erreichen kannst.

Ich wünsche dir eine gute Zeit und viel Spaß beim Ausprobieren.

Alexander Schelle

WICHTIG!

Die beschriebenen Techniken ersetzen keinesfalls die Dienste eines Arztes. Gleichfalls gebe ich kein Heilversprechen ab. Die Techniken dienen zur Unterstützung, um gesund zu bleiben, und sind kein Ersatz für eine ärztliche Behandlung.

Solltest du dich wegen eines Problems in ärztlicher Behandlung befinden, bespreche die weitere Vorgehensweise mit deinem Arzt und breche sie keinesfalls ab.

Das Buch ist keine wissenschaftliche Abhandlung, sondern beruht auf meinem gesammelten Wissen und meinen Erfahrungen mit dem Werkzeug Hypnose.

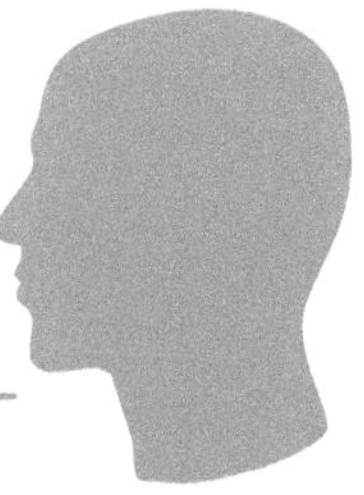

Gestern war ich klug und wollte die Welt verändern. Heute bin ich weise und möchte mich verändern.

Rūmī (1207-1273)

TEIL 1
DIE SELBSTHYPNOSE

KAPITEL 1
EINLEITUNG

WAS IST HYPNOSE?

Bevor wir uns intensiv mit der Hypnose beschäftigen, möchte ich vorweg den Begriff „Hypnose" erklären. Auf der Wikipedia-Seite steht dafür folgende Definition:

> *„Als Hypnose (altgriechisch hypnos ‚Schlaf') bezeichnet man den Zustand und das Verfahren zum Erreichen einer hypnotischen Trance.*
>
> *Diese Form der Trance ist gekennzeichnet durch einen tiefentspannten Wachzustand, dessen Besonderheit eine extrem eingeschränkte und auf wenige Inhalte ausgerichtete Aufmerksamkeit ist."*

Du musst den Satz jetzt nicht zweimal lesen, um ihn zu verstehen. Oder habe ich das schon zu spät geschrieben? Ja, unser Gehirn kann sich nur auf eine Sache besonders gut konzentrieren, aber in unserem Alltag müssen wir oftmals Dinge gleichzeitig machen und bei der Hypnose geht es darum, eben alles außen herum abzuschalten und sich nur auf eine Sache zu konzentrieren. Es ist ein natürlicher und normaler Geisteszustand, den wir nutzen können, um unser Unterbewusstsein anzusprechen und zu führen. Die Hypnose ist keine Zauberei, nichts Okkultes und auch kein Hokuspokus, es ist ein Zustand, den wir alle tagtäglich erleben.

Das Tor zum Erfolg ist der Zugang zu unserem Unterbewusstsein und jetzt müssen wir herausfinden, wie wir mit unserem Unterbewusstsein kommunizieren.

Um deine Aufmerksamkeit ein wenig zu schärfen, führen wir am besten eine kleine Übung durch:

ÜBUNG

Versuche in drei Minuten ganz konzentriert alles um dich herum wahrzunehmen – alles, was du sehen, hören, fühlen, riechen und schmecken kannst. Finde heraus, wie viele Dinge du gleichzeitig wahrnehmen kannst, und registriere,wie viel du im Normalfall überhaupt nicht wahrnimmst.

Gratuliere, wenn du die Übung konzentriert und intensiv ausgeführt hast, bist du vermutlich schon in eine leichte Trance gefallen, es war deine erste Selbsthypnose.

GESCHICHTE DER HYPNOSE

Wenn ich mich mit Interessierten über das Thema Hypnose austausche, höre ich sehr häufig das Vorurteil, die Hypnose wäre etwas Modernes, zum Teil wird sie auch in die Esoterik-Ecke geschoben. Aufgrund der Berichte in der Öffentlichkeit kann ich das auch verstehen und daher möchte ich dir ein wenig die Augen öffnen, woher die Hypnose eigentlich kommt und dass Hypnose nichts mit Glauben zu tun hat, sondern ein Zustand ist, den schon viele Generationen vor uns für sich genutzt haben.

Der Tempelschlaf im alten Ägypten war vor mehr als 2.500 Jahren der erste überlieferte Bericht zur Hypnose. Bereits zu dieser Zeit wurden in den Isis-Tempeln Trancezustände angewandt. Auch andere Kulturen und Völker, wie etwa die Griechen oder die Chinesen, nutzten den Tempelschlaf als hypnotische Beeinflussungs- und Einschläferungsmethode. Dabei wurden Krankheiten mithilfe von Ritualen, Amuletten und autoritären Suggestionen positiv beeinflusst.

Ab dem 16. Jahrhundert wurden Hände aufgelegt und der in der Schweiz geborene Arzt und Alchemist Paracelsus (1493-1541) begann als Erster mit der Methode des sogenannten Magnetstreichens, aus der 300 Jahre später der sogenannte Mesmerismus entstand.

Der in Wien praktizierende Arzt Franz Anton Mesmer (1734-1815) legte Magnete auf den Körper seiner Patienten und beobachtete die Begleiterscheinungen. Die verschiedenen Beschwerden verschwanden oft schlagartig und die Patienten spürten bei der Behandlung ein merkwürdiges Kribbeln. Es war eine Mischung aus Naturwissenschaft und Esoterik.

Mesmer erkannte aber auch, dass es nicht nur die Magnete an sich waren, die halfen. Er ging vielmehr davon aus, dass sich in unserem Körper eine Energie befindet, von der er glaubte, sie mittels Magneten an die „richtige“ Stelle holen zu können und dort wirken zu lassen. Trotz seiner großen Behandlungserfolge konnte er sich in der akademischen Fachwelt nicht durchsetzen.

Erst der Schotte James Braid (1795-1860) konnte erklären, dass nicht der Magnet für die Regenerierung des Körpers sorgte, sondern die Patienten aufgrund einer Augenfixation in einen Trancezustand fallen. Er bezeichnete es als Neuro-Hypnose, abgeleitet von dem griechischen Gott des Schlafes „Hypnos“. Auch wenn uns der Begriff „Hypnose“ geblieben ist, beschreibt er nicht den richtigen Zustand. Im Englischen nutzt man auch heute noch die ältere Bezeichnung „to mesmerize“ um jemanden zu hypnotisieren.

Ebenfalls zu Beginn des 19. Jahrhunderts nutzte der Arzt James Esdaile (1808-1859) das hypnotische Koma auch zur Schmerzkontrolle bei schwierigen Operationen. Heute noch wird der Zustand als Esdaile-Zustand bezeichnet. Er führte mehr als 500 Operationen unter Hypnose und ohne Betäubung durch. Leider geriet das Wissen nach der Entdeckung der modernen Anästhesie vor ca. 170 Jahren zunächst wieder in Vergessenheit.

Zu Beginn des 20. Jahrhunderts erfand Sigmund Freud (1856-1939) als weitere Heilmethode die Psychoanalyse, nachdem er selbst mit der Methode der damals üblichen autoritären Hypnose nicht immer erfolgreich war. Er meinte, es existiere keine Fremdhypnose von außen. Jeder hypnotische Zustand wird nur durch einen selbst, also als Selbsthypnose herbeigeführt. Böse Zungen behaupten, seine nicht immer erfolgreichen Hypnosesitzungen hatten vor allem mit seinem Kokain-Konsum und den Folgen, dass sein Zahnfleisch darunter litt und er daher nicht autoritär genug sprechen konnte, zu tun. Trefflicherweise erfand er die Sprechtherapie, da musste nicht er sprechen, sondern sein Patient.

Parallel zur medizinischen Hypnose entwickelte sich im Laufe der Zeit auch die Bühnen- und Showhypnose. Der Showhypnotiseur Dave Elman (1900-1967) entwickelte Induktionsmethoden (Einleitung in den hypnotischen Zustand), die den Klienten sehr schnell in Trance versetzten, unter anderem die sogenannte Blitzhypnose, wie sie auch heute noch bei sehr vielen Hypnoseshows eingesetzt wird. Bei einer Wohltätigkeitsveranstaltung 1948 waren anwesende Ärzte so begeistert, dass sie ihn baten, ihnen die Hypnose beizubringen. Fortan unterrichtete er tausende Ärzte und Zahnärzte in medizinischer Hypnose und brachte ihnen seine Dave-Elman-Induktion bei.

Einen gegensätzlichen Ansatz verfolgte Milton Erickson (1901-1980). Er ging den Weg über indirekte Suggestionen und antiautoritäre Hypnoseeinleitungen und eröffnete damit ganz neue Möglichkeiten, die in die moderne Psychotherapie einflossen.

Erickson stellte den Patienten und seine Einzigartigkeit in den Vordergrund und öffnete durch seine antiautoritäre Vorgehensweise das Unterbewusstsein seiner Patienten. Er nutzte zur Induzierung der Trance alles, was ihm brauchbar schien. Egal, ob das Märchen, Briefe, Provokationen, das Reden von Unsinn oder überraschende Begleiterscheinungen wie Geräusche oder Lichteffekte waren.

Er erkrankte schon in jungen Jahren an Kinderlähmung und seine körperlichen Probleme und Schmerzen waren der Motor für seine unglaublichen Leistungen. Erickson behandelte sich täglich mit Selbsthypnose, um seiner Arbeit an der Universität von Michigan nachgehen zu können. Er schrieb seine Ideen für Fachartikel mitten in der Nacht aus seinem Unterbewusstsein auf.

Die heutige therapeutische Hypnose und auch viele Ansätze aus der Neurolinguistischen Programmierung) gehen auf Milton Erickson zurück. Die beiden Gründer der NLP Richard Bandler und John Grinder haben die Art und Weise, wie Erickson die hypnotische Sprache genutzt hat, in ihrem Milton-Modell beschrieben.

DER HYPNOTISCHE ZUSTAND

Die drei Grundzustände unserer Psyche sind der Schlaf, die Trance und der Zustand der Wachheit. Der Zustand ist aufgrund unserer Aktivität in unserem Gehirn anhand der Elektroenzephalografie Frequenzbänder messbar. Die Bilder dazu findest du auf der Seite 22.

Während unseres Tiefschlafs befindet sich die Aktivität unseres Gehirns im Delta-Zustand. Es wird nur sehr wenig verarbeitet und wir benötigen unser Unterbewusstsein nur zum Aufrechterhalten unserer Körperfunktionen.

Eine Trance erreichen wir, wie auch die leichten Schlafphasen N1 und N2, im Theta-Zustand. Unser Körper muss zu diesem Zeitpunkt nichts leisten, aber unser Gehirn ist in dieser Zeit sehr aufnahmefähig. Das Tor zu unserem Unterbewusstsein steht dabei weit offen. In der Einschlafphase nutzt unser Gehirn den Theta-Zustand, um alles am Tag Erlebte zu verarbeiten und dabei die unwichtigen Dinge zu vergessen und die wichtigen Dinge neu zu vernetzen. Das bedeutet, die Synapsen zwischen unseren Nervenzellen werden in dieser Phase neu geordnet.

Am leichtesten ist das mit einem kleinen Beispiel zu verstehen. Schließe für einen Moment deine Augen und stell dir vor, wo du am 3. April 2015 warst.

Wo warst du denn?

Wahrscheinlich ist es gar nicht so einfach, sich daran zu erinnern, und die meisten haben vermutlich keine Ahnung, was an dem Tag war und wo sie selbst waren. Lass uns einen Schritt weitergehen. Schließe noch einmal die Augen und jetzt stell dir genau vor, wo du am 11. September 2001 warst.

Falls du schon über 35 bist, war das vermutlich deutlich einfacher. Fast jeder, der diesen Terroranschlag auf das World Trade Center in den USA an diesem Tag irgendwo vor dem Fernseher erlebt hat, kann auch sagen, wo er sich dabei befand. Viele können auch ganz viele Details zu diesem Tag erzählen. Aber was ist der Grund dafür?

An diesem Tag gab es in allen Medien nur noch ein Thema „Der Terroranschlag in New York", auch wenn wir es gewollt hätten, wir konnten dem gar nicht entgehen. Als wir dann ins Bett gegangen sind, hat es in der ersten Schlafphase, dem Theta-Zustand, ebenfalls nur ein Thema für unsere Gehirnzellen und Synapsen gegeben. Der Tag hat sich sozusagen in Trance eingebrannt. Hinzu kommt die Berichterstattung der nächsten Tage und Wochen. Immer wieder wurden wir mit dem Thema konfrontiert und daher ging unser Unterbewusstsein davon aus, das Thema ist wichtig, das wollen wir mal festhalten! Die Vernetzung wurde so stark, dass es kaum möglich ist, den Tag zu vergessen.

Auch der nächste Zustand, der Alpha-Bereich, trug dazu bei, dass diese Vernetzung sehr stark ist. Wir malten uns in Tagträumen aus, was als Nächstes passieren würde oder wie es den Betroffenen geht oder warum Menschen so etwas Schlimmes machen. Wie der Theta-Zustand ist nämlich auch der Alpha-Zustand ein Trancezustand, allerdings können wir dabei die Umgebung bewusst wahrnehmen. Diesen Zustand erleben wir mehrfach täglich, wenn wir eintönige Arbeiten machen, auf der Couch liegen und einen Film anschauen oder auch, wenn wir ein Buch lesen. Selbst beim Autofahren kommen wir in den Alpha-Zustand und beobachten nicht immer bewusst den Straßenverkehr. Es ist eine leichte Trance und der Übergang in den Wachzustand.

Im Beta- und Gamma-Bereich sind wir hellwach und unser Geist läuft auf Hochtouren. Wir nehmen alles auf, was über unsere Sinne an Informationen kommt. Verarbeitet werden diese Daten allerdings in einer Phase, in der unser Gehirn keine großen Rechenleistungen vollbringen muss, sondern Zeit hat, das Erlebte zu verarbeiten, und das erfolgt im hypnotischen Zustand im Theta- und Alpha-Bereich. In dieser Zeit werden die Daten strukturiert und abgespeichert.

Die Erkenntnis aus der Betrachtung der Elektroenzephalografie lauten wie folgt:

- Die Hypnose ist kein Schlaf.
- Die Hypnose ist kein Zustand der Willenlosigkeit, sondern ein natürlicher, tiefenentspannter Bewusstseinszustand.
- Den hypnotischen Zustand erleben wir alle tagtäglich.

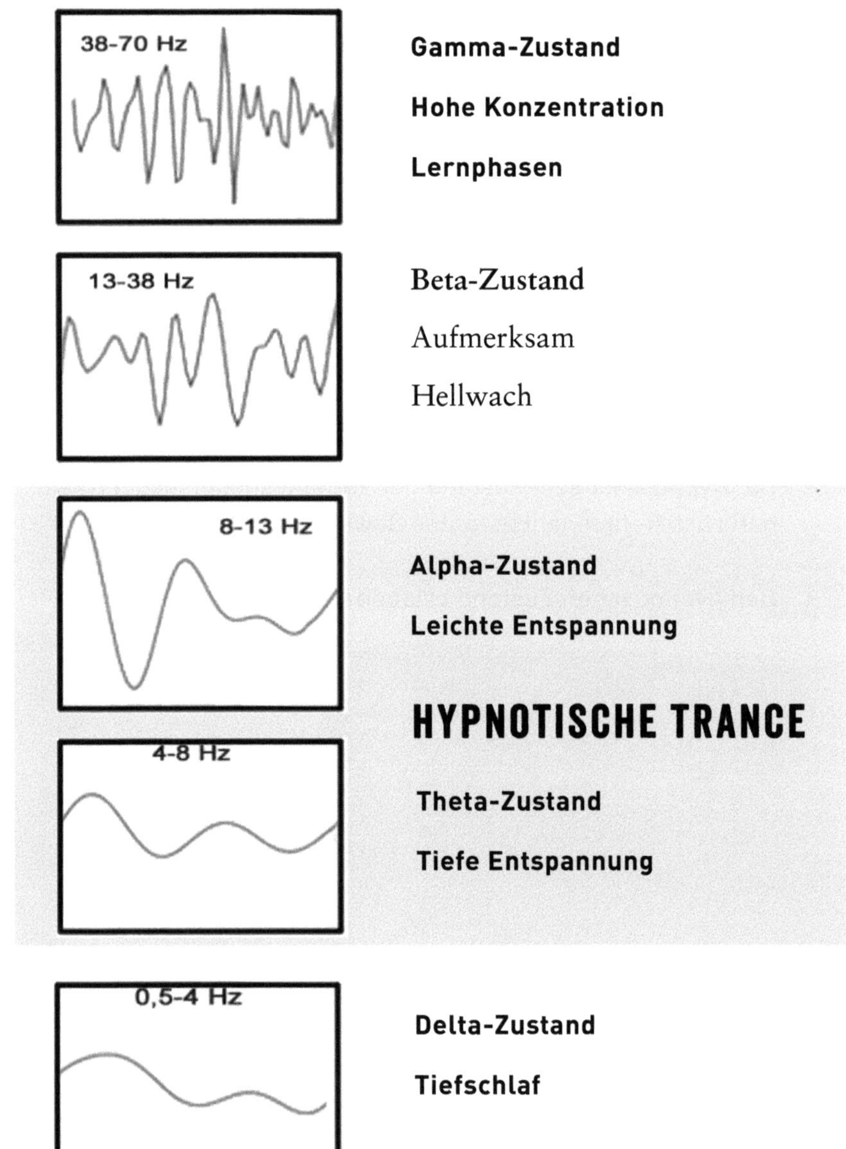

ABB. 1: ELEKTROENZEPHALOGRAFIE FREQUENZBÄNDER EEG

KONTRAINDIKATION

Auch wenn wir diesen hypnotischen Zustand jeden Tag erleben, gibt es Gründe, ihn nicht per Hypnose herbeizuführen. Hier spricht man von einer Kontraindikation. Da sich in solchen Fällen die Risiken nicht in vollem Umfang abschätzen lassen, liegt es im eigenen Interesse, verantwortungsvoll zu handeln.

Wenn du zu den nachfolgenden Risikogruppen gehörst, solltest du das Thema Hypnose mit deinem Arzt oder Psychotherapeuten besprechen:

- Schizophrenie
- Psychosen
- Realitätsflucht
- Borderline-Patienten
- An Demenz Erkrankte oder bei geistigem Defizit
- Anfallserkrankungen wie Epilepsie
- Schweres Asthma
- Herz-Kreislauf-Erkrankungen wie extrem niedriger Blutdruck, Herzrhythmusstörungen

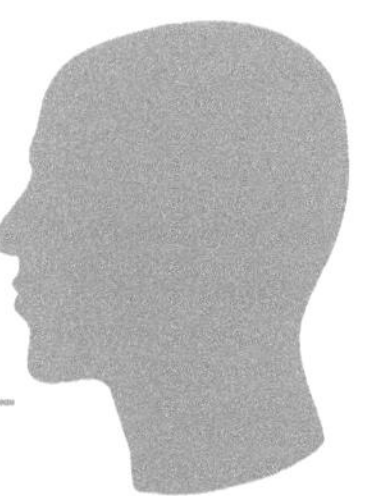

Das Unterbewusstsein ist ein
gefährlicher Mitwisser -
es weiß all die Dinge, von denen
wir nichts mehr wissen wollen.

Lilli U. Kreßner (*1957)

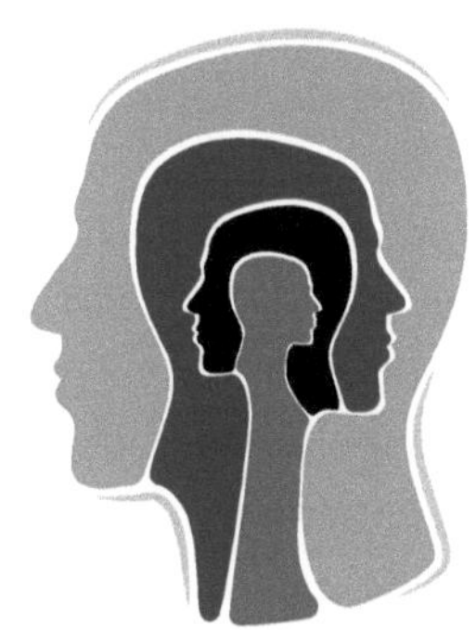

KAPITEL 2
WER SIND WIR?

Neben unserer Hardware, unserem Gehirn, haben wir auch ein Betriebssystem. Genau genommen haben wir sogar drei: unser Bewusstsein, unser Unterbewusstsein und das Unbewusstsein.

Bezüglich dieser Sichtweise gibt es, wenn man die vielen Erklärungen in Büchern und auch im Netz dazu liest, immer noch keine einhellige Meinung. Daher möchte ich dir meine Sichtweise dazu gerne näherbringen.

Sehr häufig höre ich, ein Unterbewusstsein gibt es nicht, sondern nur das Unbewusste. In einem gewissen Maß würde ich da beipflichten, da alle Informationen aus dem Unterbewusstsein unbewusst abgerufen werden können, ich sehe aber trotzdem einen großen Unterschied zwischen diesen beiden Bereichen.

DAS UNBEWUSSTSEIN

Unsere Entstehungsgeschichte geht mehr als drei Milliarden Jahre zurück. Das erste Leben auf der Erde waren Bakterien und vor ca. 525 Millionen Jahren gab es das erste Tier mit einem einfachen Skelett und vermutlich auch schon mit einem Nervensystem und Flossen, wir lebten ja damals noch im Wasser, bis wir vor 300 Millionen Jahren aus dem Wasser kamen und uns in den nächsten Jahrmillionen von Amphibien zu Reptilien weiterentwickelten. Erst vor 125 Millionen Jahren wurden wir zu Säugetieren.

Jetzt die spannende Frage: Hatten all diese Vorfahren schon ein Bewusstsein? Haben diese Tiere damals schon bewusst darüber nachgedacht, warum sie aus dem Wasser krochen oder wie ihr Körper funktioniert? Wussten sie überhaupt, dass sie ein Gehirn oder ein Herz haben?

Ziemlich sicher nicht, sie funktionierten vollautomatisch, eben unbewusst. Die Organe verrichteten ihre Arbeit, ohne dass sie darüber nachdenken mussten. Wie auch heute noch bei uns. Wir müssen uns nach dem Schlucken unserer Nahrung nicht mehr darum kümmern, wie wir das Essen vom Magen in den Zwölffingerdarm schieben, es passiert vollkommen automatisch.

Diese körperlichen Prozesse und auch unsere Instinkte sind uns angeboren und kommen aus der Zeit unserer Vorfahren. Daher sagt man zu dem Teil unseres Gehirns auch etwas despektierlich Reptilienhirn. Der Hirnstamm ist entwicklungsgeschichtlich der älteste Teil unseres Gehirns und die Schnittstelle zwischen dem Rückenmark und dem restlichen Gehirn. Er ist relevant für die wichtigsten Lebensfunktionen wie Atmen, Herzschlag oder unseren Blutdruck.

Auf diesen Teil unseres Gehirns haben wir bewusst keinen Zugriff, daher bezeichnen wir es logischerweise als das Unbewusste.

Neben unseren Körperfunktionen zählen wir auch unseren Instinkt zu den unbewussten Handlungen. Die Ausschüttung von Adrenalin, wenn es brenzlig wird, können wir ebenso wenig steuern wie all die anderen Hormone, die uns helfen, auch im Automatikmodus voll funktionsfähig zu sein.

DAS BEWUSSTSEIN

Für diese Betrachtung blicken wir noch einmal zurück. Vor ca. 250.000 Jahren entwickelte sich mit dem Homo sapiens der erste moderne Mensch und vermutlich ist auch erst mit ihm das erste Lebewesen mit einem Bewusstsein entstanden.

An der Stelle gehe mal in dich und genieße die nächsten Zeilen.

Es gibt ca. neun Millionen Lebewesen auf der Erde und du gehörst zur einzigen Art, die nach drei Milliarden Jahren Entwicklung ein Bewusstsein entwickelt hat. Ist das nicht ein Wahnsinn?

Genieße den Augenblick, denn ich muss dich gleich wieder auf den Boden der Tatsachen zurückholen. Wir haben und nutzen zwar das komplexeste Gebilde im Universum mit unserem Gehirn, aber weitestgehend läuft es auch bei uns im Automatikmodus. Die Wissenschaft geht davon aus, dass wir nur höchstens 2 % unserer Entscheidungen tatsächlich bewusst treffen, alles andere läuft wie bei unseren Vorfahren oder einem Regenwurm unbewusst ab. Der Grund ist auch sehr einfach, unser Gehirn wiegt ungefähr 1-2 % unseres Körpergewichts, benötigt aber bis zu 25 % unserer Energie. Wenn wir unser Gehirn immer auf Volllast betreiben würden, könnten wir unsere Organe und Muskeln nicht mehr mit genügend Sauerstoff versorgen und uns würde die Energie für alle restlichen Körperfunktionen fehlen.

DAS UNTERBEWUSSTSEIN

In der Beschreibung der menschlichen Psyche sah Siegmund Freud, dass zwischen dem Bewusstsein und dem Unbewusstsein sich ein Vorbewusstsein befinden muss. Das Vorbewusstsein hat keinen direkten Zugriff auf das Unbewusstsein, sondern wäre durchlässig zum Bewusstsein.

Der Begriff „Vorbewusstsein" hat sich nie durchgesetzt. Heute spricht man von dem Unterbewusstsein und auch wenn der wissenschaftliche Beweis für ein Unterbewusstsein nie erbracht wurde, gehen die meisten psychologischen Ansätze von der Existenz eines Unterbewusstseins aus.

Hierin befindet sich neben unserer Persönlichkeit und unseren Gefühlen alles, was wir erfahren und erlernt haben. Das Unterbewusstsein ermöglicht uns, nicht über jede Handlung oder jedes Wort, das wir sagen, nachdenken zu müssen. Ohne unterbewusste Vorgänge würden wir uns in der Schnelligkeit unseres Tuns vermutlich nur noch minimal von einem Stein unterscheiden.

Das bedeutet in der Folge, alles, was wir über unsere Sinne aufnehmen, wird, wie weiter oben beschrieben, in unserer Einschlafphase im Theta-Zustand bewertet und dann entweder wegen zu wenig Relevanz gelöscht oder, wenn wichtig, in unserem Unter- bewusstsein abgespeichert. Das heißt, je intensiver wir etwas erleben, umso präsenter wird es abgespeichert. Auch Wiederholungen oder sehr schmerzhafte Erfahrungen gehören zu den wichtigen Dingen und haben somit einen kurzen Weg zwischen den Nervenzellen. Außerdem nutzen wir mit der Hypnose den Trancezustand, um Suggestionen möglichst stark in unserem Unterbewusstsein zu platzieren. Wenn man dies so betrachtet, wird klar, wir sind die Marionette unseres eigenen Lebens.

Meine persönliche Lehre daraus ist, ich kann und möchte bewusst entscheiden, was lasse ich in mein Unterbewusstsein, denn genau der Teil meines Denkens ist bedeutend für meine zukünftigen Entscheidungen. Ich kann bewusst entscheiden, mit welchen Menschen ich mich umgebe, welche Gesprächsthemen mir zukünftig helfen werden und welche mich dagegen nach unten ziehen. Was schaue ich mir im Fernsehen oder im Internet an, lass ich zu, ständig manipuliert zu werden. Das sollte auch die bewusste Entscheidung jedes Einzelnen sein, lese ich ein gutes Buch und bilde mich fort oder daddel ich am Smartphone, lese ich die „Süddeutsche" oder die „Bild" und schaue ich die „Tagesschau auf ARD" oder „Scripted-Reality-Sendungen auf RTL2". Egal wie du dich entscheidest, du solltest dir bewusst sein, dass es deine persönliche Zukunft beeinflusst.

Forscher des Max-Planck-Institutes für Kognitions- und Neurowissenschaften in Leipzig konnten 2008 bei einem Experiment die eigentlich bewusste Wahl, nämlich mit welcher Hand ein Knopf gedrückt wird, schon sieben Sekunden vor der tatsächlichen Entscheidung vorhersagen. Es geht also jeder bewussten Entscheidung schon Sekunden vorher eine unbewusste Entscheidung voraus. Die Erfolgsquote lag dabei allerdings nicht bei 100 %, aber deutlich über dem Zufall. Dies deutet darauf hin, dass sich die Entscheidung in unserem Unterbewusstsein schon anbahnt, aber noch nicht endgültig gefallen ist.[1]

ÜBUNG

Ich möchte dir dein Unterbewusstsein vorstellen. Verschaffe dir ein wenig Platz nach vorne und stell dir vor, du sitzt in deinem Auto und fährst auf der Autobahn auf der linken Spur. Deine Aufgabe wird es gleich sein, von der linken auf die rechte Spur zu wechseln, du musst dabei nicht schalten, bremsen oder in den Spiegel schauen, sondern ausschließlich lenken.

> **Nimm also jetzt gleich dein Lenkrad in die Hand und stell dir vor, wie du die Spur wechselst, und lenke dabei, wie du es auch im Auto tun würdest.**

Was hast du gemacht?

Nicht gelenkt

Dann hast du auch nicht die Spur gewechselt.

Nach rechts gelenkt

Dann würdest du auf der Autobahn im Kreis fahren.

Nach rechts gelenkt und dann wieder geradeaus

In diesem Fall würdest du in den Graben fahren, falls an dieser Stelle nicht zufällig ein Knick in der Autobahn wäre. Diese Lösung ist daher auch nicht richtig, aber die bevorzugte Lösung der meisten Probanden.

Die richtige Lösung wäre, nach rechts lenken, dann ein kleines Stück geradeaus und dann genauso weit wie man nach rechts gelenkt hat, nach links lenken und dann wieder geradeaus. Nur dann hat man tatsächlich die Spur gewechselt.

Ich hatte vor einigen Jahren den Wunsch, Saxofon zu spielen. Zu diesem Zeitpunkt konnte ich keine Noten lesen und hatte auch sonst keinerlei musikalisches Vorwissen. Allein bei dem Versuch, überhaupt einen Ton aus dem Instrument zu bekommen, scheiterte ich zu Beginn kläglich.

Aber schon nach wenigen Tagen klangen die Geräusche nach Tönen. Doch um tatsächlich ein Lied zu spielen, benötigt man neben den

Tönen auch einen Rhythmus und eine Feinabstimmung zwischen dem, wie man in das Saxophon bläst und welche Tasten man gleichzeitig drückt.

Die komplette Herausforderung für mich waren also folgende Schritte:

- Noten lesen
- Entsprechend der Tasten mit zehn Fingern drücken
- Je nach Tonlage spitz oder voluminös in das Mundstück blasen
- Je nach Lautstärke fest oder leicht blasen
- Mit der Zunge das Blättchen stoppen oder freigeben
- Den Takt mitzählen

Für jemanden, der wie ich noch nie Musik gemacht hat, eine scheinbar nicht lösbare Aufgabe. Aber durch Üben der immer wieder selben Abläufe musste ich irgendwann nicht mehr zählen, ob ich ein C oder ein D spiele. Auch meine Finger bewegten sich auf einmal wie von alleine zu den richtigen Griffen und wenn man erst einmal weiß, wie ein Ton klingen muss, bläst man schon automatisch mit dem richtigen Volumen.

Sicherlich klingt das nach ein paar Monaten noch nicht wirklich virtuos, aber man muss nicht mehr jeden Schritt bewusst machen. Vieles passiert zunehmend wie von alleine.

Das Unterbewusstsein übernimmt die Kontrolle mehr und mehr und man kann immer weiter in die Tiefe gehen.

WER ODER WAS STEUERT UNS?

Nachdem wir jetzt verstanden haben, dass unsere Entscheidungen unser Unterbewusstsein trifft, müssen wir uns natürlich fragen, woher unser Unterbewusstsein weiß, was gut für uns ist oder was wir tatsächlich benötigen oder möchten. Die Antwort ist einfach, es ist ein Reiz, der in uns eine vorbestimmte Reaktion auslöst.

Die klassische Konditionierung entdeckte 1905 der russische Psychologe und Nobelpreisträger Iwan Pawlow (1849- 1936). Er beobachtete bei seinen Studien mit Hunden, wie diese beim Anblick und auch schon beim Geruch der Nahrung mit einer erhöhten Speichelproduktion reagierten. Dies hielt er für natürlich, da der Zusammenhang Nahrung und Speichelfluss für ihn ein angeborener Reflex war. Er fragte sich anschließend während seiner Forschung, ob die Reaktion „Speichelfluss" auch durch einen nicht angeborenen Reiz ausgelöst werden kann.

Pawlow nutzte dafür eine Glocke, die er jedes Mal vor der Fütterung der Hunde betätigte. Diese reagierten wie bei jeder Fütterung mit erhöhtem Speichelfluss. Nach einiger Zeit änderte er das Vorgehen, er läutete die Glocke, aber es gab nichts zu fressen für die Hunde. Diese reagierten aber auf die Glocke wie bei einer normalen Fütterung mit erhöhtem Speichelfluss. Damit hatte er bewiesen, dass man die Hunde auch auf einen nicht angeborenen Reiz konditionieren kann.

Dass man dieses Wissen auch auf Menschen übertragen kann, hat der amerikanische Psychologe John B. Watson 1920 in einem ethisch sicherlich fragwürdigen Experiment nachgewissen. Im „Little-Albert-Experiment" konditionierte er ein elf Monate altes Kind auf Angst.

In den Vorstudien untersuchte er die Gefühlsreaktionen des Kindes „Little Albert" beim Anblick von neuen Dingen, unter anderem einer weißen Ratte. Albert zeigte keine Furcht und untersuchte alles mit der uns angeborenen Neugierde. Furcht verspürte Albert nur bei einem lauten Hammerschlag und reagierte darauf mit Zittern und Weinen.

Bei der dann stattfindenden Konditionierung, dem eigentlichen Experiment, erschallte der Hammerschlag, sobald er die weiße Ratte berührte. Schon nach zwei Versuchen weigerte sich Albert, die Ratte anzufassen, und nach weiteren fünf Versuchen reagierte er schon beim Anblick der Ratte mit Angst.

Das Experiment zeigt uns auf eine sehr unschöne Art, wie leicht wir doch programmierbar sind. Den lauten Knall und ein Tier würden wir auf späteren Entwicklungsstufen nicht mehr so leicht in Zusammenhang bringen, aber trotzdem funktioniert das auch noch bei Erwachsenen.

Der Film „Der weiße Hai“ ist dafür das beste Beispiel. Steven Spielberg holte 1975 die Urängste der Menschen vor den unbekannten Tiefen des Wassers hervor. Die Tourismuseinnahmen gingen in dem Sommer zurück, da sich die Menschen nicht mehr ins Wasser trauten. Sie hatten Angst, dass etwas von unten kommt, und bei manchen ging es so weit, dass sie nicht mal mehr in einem See schwimmen konnten. Spielberg hat also im Kino einen Reiz geschaffen, der beim Anblick oder dem Gedanken an Wasser immer wieder die Angst vor dem Unbekannten auslöst.

Der Prozess vom Reiz zur unbewussten Reaktion beginnt schon nach wenigen Wochen als Embryo im Bauch der Mutter und hört bis zum Ende unseres Lebens nicht auf. Durch immer wieder neue Informationen prägen wir unser Unterbewusstsein und je öfter sich eine Information wiederholt, umso stärker ist unsere Programmierung darauf. Das bedeu- tet auch, wir sind selbst dafür verantwortlich, womit wir unser Unterbewusstsein füttern. Die äußeren Einflüsse sind in unserer Kindheit sicherlich nicht komplett beeinflussbar. Die Gegend, wo wir aufwachsen, unsere Eltern, deren Erziehung und auch was wir lernen oder auch nicht ist lange Zeit nur schwer zu verändern. Aber irgendwann kommt der Zeitpunkt, wo wir unser Leben selbst in die Hand nehmen. Ab diesem Zeitpunkt entscheiden wir selbst, welche Medien wir konsumieren, womit wir unser Unterbewusstsein füttern und mit wem wir unsere Zeit verbringen. Das ist der Schlüssel für ein selbstbestimmtes Leben, genau genommen ist es ein ganzer Schlüsselbund. Wer nur die Türen zu positiven Eindrücken aufschließt, wird sich positiv programmieren. Wer weiterhin mit offenen Türen durchs Leben läuft, wird auch all die negativen Dinge in seiner Programmierung zulassen.

Dass wir leider häufiger negativ denken als positiv, sieht man auch an unserem Wortschatz. Darin befinden sich unter den Adjektiven, also den beschreibenden Wörtern, ca. zwei Drittel negative und nur ein Drittel positive Wörter. Ich denke, das sagt schon viel darüber aus, wie wir denken.

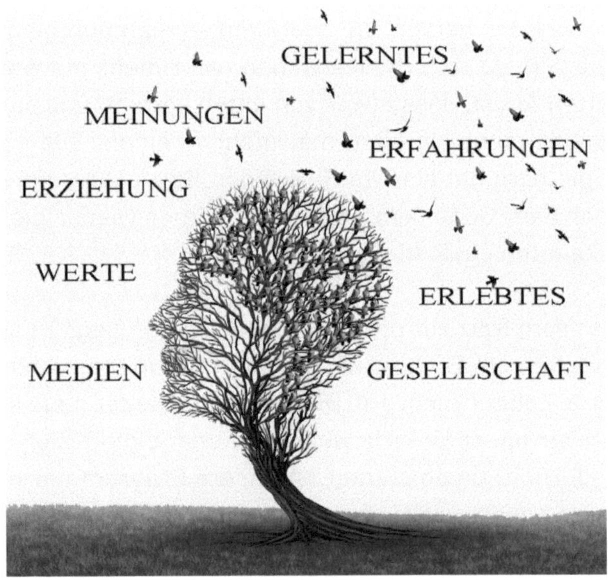

ABB. 2: TÄGLICH WIRD UNSER UNTERBEWUSSTSEIN MIT NEUEN INFORMATIONEN VERSORGT.

Falls wir mit der Programmierung unseres Unterbewusstseins unzufrieden sind, können wir selbst entscheiden, ob wir damit leben möchten oder an unseren Schwächen oder Lastern aktiv arbeiten wollen.

Im normalen Leben funktioniert das durch unseren Willen und viele Wiederholungen. Mit der Hypnose haben wir direkten Zugriff auf unser Unterbewusstsein und dort ist auch die Chance am größten, etwas zu verändern.

Dies wird allerdings nicht von alleine funktionieren. Entscheidend ist: Du musst es wollen und du musst überzeugt sein, es auch zu schaffen. Die Hypnose wird dich dabei nur unterstützen, es umzusetzen.

ÜBUNG

Welche Laster würdest du gerne aus deiner Programmierung löschen?

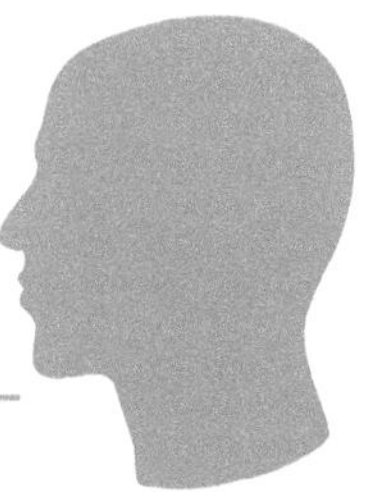

Niemand weiß,

was in ihm drinsteckt,

solange er nicht versucht hat,

es herauszuholen.

Ernest Hemingway (1899-1961)

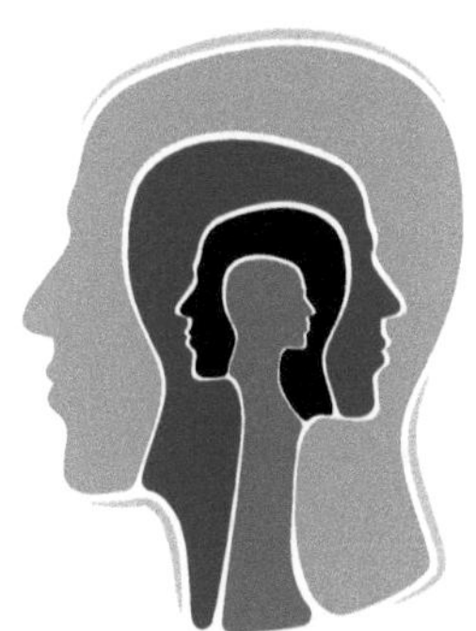

KAPITEL 3
DIE HYPNOSE

IST JEDER TRANCEZUSTAND GLEICH?

Lies bitte den Absatz und lass dir im Anschluss ein wenig Zeit, den Augenblick zu erleben.

Stell dir vor, du erholst dich gerade an deinem Lieblingsplatz. Das kann auf einer Liege am Strand sein, in einer Hängematte, im Wald oder auch sitzend am Gipfelkreuz nach einer langen Wanderung. Es ist vollkommen egal, wo du dich gerade gedanklich befindest, konzentriere dich nur auf dieses wunderbare Gefühl der Entspannung, des Genießens und lass es zu, ein wenig zu träumen. Schau dich in Gedanken ein wenig um was du siehst und auch was du hörst, spürst oder vielleicht auch riechst.

Schließe jetzt die Augen und lass dir ein paar Minuten Zeit, diesen Moment zu genießen.

Das, was du bei dieser kleinen Übung erlebst, ist nichts anderes als eine Trance, also ein hypnotischer Zustand. Wenn wir uns in so einem hypnotischen Zustand befinden, ist es eine Trance, ganz gleich, wie dieser Zustand herbeigeführt wurde. Diesen Zustand können wir durch Tagträume, Meditation, körperliche Anstrengung (Marathonlauf), Musik (Tanzen), Angstzustände, Rituale, Drogen, Liebe, Besessenheit und eben auch Hypnose erreichen.

Es ist immer der gleiche Zustand!

WELCHE ARTEN DER HYPNOSE GIBT ES?

Wenn wir akzeptieren, dass für uns der Zustand der Trance vollkommen normal ist, sollten wir auch die letzten Zweifel an der Hypnose ablegen. Das Entscheidende ist nur noch, wie komme ich in diesen Zustand. Dafür gibt es drei Wege, die sich gar nicht soweit unterscheiden, da immer das Einverständnis des Hypnotisierten vorausgesetzt, die Selbsthypnose eine große Rolle spielt.

Siegmund Freud und auch einige Hypnotiseure aus der heutigen Zeit meinen sogar, jegliche Hypnose wäre eine Selbsthypnose, da man sich schließlich selbst in die hypnotische Trance begibt. Ich kann diesem Gedankengang folgen, da auch ich der Meinung bin, dass die Grundvoraussetzungen das selbst Wollen und das Loslassen sind. Allerdings reicht das nicht, um eine Trance zu erreichen, die Personen benötigen auch mich und meine Führung, um tatsächlich in den hypnotischen Zustand zu fallen. Daher ist eine Hypnose für mich immer eine Mischung aus Fremd- und Selbsthypnose.

Autoritäre Hypnose – Showhypnose

Die aus der Geschichte der Hypnose stammende klassische Form ist die autoritäre Hypnose. Kennzeichnend für sie sind direkte Aufforderungen und Anweisungen sowie die Verwendung bekannter hypnotischer Hilfsmittel wie z. B. eines Pendels oder einer Endlosspirale zur Augen-Punkt-Fixierung, die tiefe Stimme des Hypnotiseurs und eine oftmals mystische Stimmung.

Heute wird die autoritäre Hypnose vor allem im Showbereich als sogenannte Blitzhypnose eingesetzt. Eine Befehlskette oder auch Yes-Setting genannt, dann ein Überraschungsmoment und ein Vertiefen des ersten Trancelevels führt zu einer sehr schnellen und für den Showbereich völlig ausreichenden Trance.

In verschiedenen Hypnosepublikationen und auch in Beiträgen im Internet wird oftmals beschrieben, dass die Mitwirkenden gar nicht in Hypnose wären und nur mitspielen würden. Jeder, der sich nur ein wenig mit Hypnose auskennt und sie schon ausprobiert hat, sollte eigentlich wissen, dass ein absichtliches Schauspielern überhaupt nicht nötig ist.

Außerdem wird gerne auf die Gefahren hingewiesen. Ich habe mittlerweile ein paar tausend Menschen in meinen Shows, meinen Seminaren und auch unter vier Augen hypnotisiert und aus meiner Sicht gibt es einen Grundsatz, den jeder Hypnotiseur einhalten sollte. Dabei ist es auch egal, ob er auf der Bühne, auf der Straße oder in einer Praxis hypnotisiert.

Der Respekt, die Aufmerksamkeit und die Achtsamkeit gehören zu 100 % der hypnotisierten Person!

Alles andere ist für mich nicht akzeptabel. Daher halte ich auch nicht besonders viel von der klassischen Showhypnose, da hier der Effekt, also der peinliche Lacher für die Zuschauer oftmals wichtiger ist als der Wohlfühlfaktor des Hypnotisierten auf der Bühne. Mein Ziel ist, die Menschen für die Hypnose zu begeistern und für neue Erfahrungen zu öffnen.

Antiautoritäre Hypnose – Therapie

Die von Milton Erickson stark beeinflusste moderne und antiautoritäre Hypnose ist geprägt von einer freundlichen Atmosphäre mit indirekten Suggestionen und einer eher sanften Stimme. Man arbeitet mit Bildern und Metaphern, lässt diese dezent in eine Geschichte einfließen und versucht so, mit seinem Klienten zu verschmelzen.

Im Gegensatz zur autoritären Methode, wo die Suggestio- nen sehr direkt angesprochen werden, arbeitet man bei der antiautoritären Hypnose mit den Ressourcen des Klienten. Durch diesen Weg wird das Unterbewusstsein angeregt, über die Metaphern oder Doppeldeutigkeiten nachzudenken und entsprechend zu reagieren.

Selbsthypnose

Die Selbsthypnose erklärt sich aufgrund des Namens von ganz alleine. Wir schaffen es selbst, uns in einen hypnotischen Zustand zu versetzen. Wer bis hierhin das Buch aufmerksam gelesen hat, wird wahrscheinlich feststellen, dass wir das jeden Tag und immer wieder tun. Daher ist das auch überhaupt nichts Besonderes. Allerdings ist das Ziel der Selbsthypnose nicht nur, irgendwann in den Trancezustand zu kommen. Sondern es ist das Ziel, einen Weg zu kennen, wie man sich selbst und jederzeit in einen Trancezustand begeben kann.

ZUSAMMENFASSUNG

Die Herangehensweise, um sich in den Trancezustand zu versetzen, ist nicht entscheidend für den Erfolg. Vielmehr ist es wichtig, den richtigen Weg für die jeweilige Person zu finden. Kommt ein Klient mit einer hohen Erwartungshaltung zu einem Hypnotiseur, kann sehr leicht der direkte Weg gewählt werden. Ist er dagegen ängstlich oder er zweifelt, dann muss man ihm die Entscheidungen selbst überlassen und er wird erst dann loslassen, wenn er es möchte. Für diesen Fall ist die antiautoritäre Hypnose ideal, während für jemanden, der sich gerne jederzeit und unabhängig in Trance versetzten möchte, die Selbsthypnose der wahrscheinlich beste Weg ist. Viele Kollegen bieten auch an, neben der Hypnosesitzung noch die Selbsthypnose zu vermitteln, um die Suggestionen für die Zeit danach ebenfalls zu vertiefen.

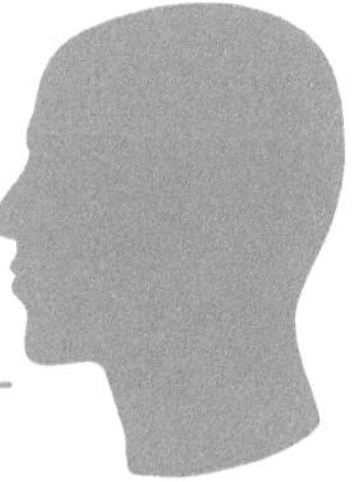

Die wichtigste Grundlage

für Veränderungen ist der Wille zum Erfolg

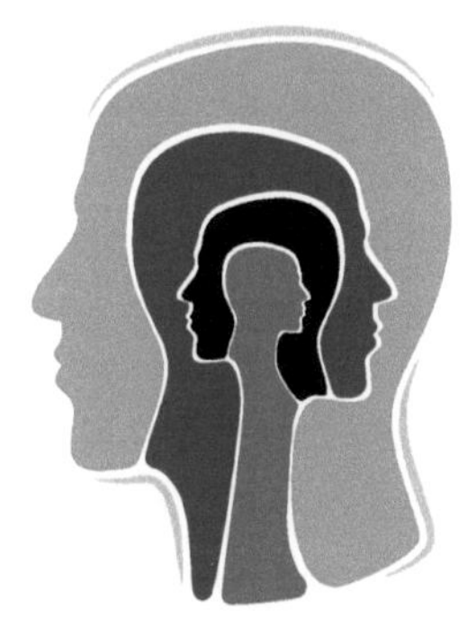

KAPITEL 4
DER WEG

Auf den nächsten Seiten möchte ich dir die verschiedenen Wege zeigen, wie du in Trance kommst. Ich präferiere den Weg über ein Ankerbild, da ich mich damit unabhängig vom Ort und auch jederzeit in wenigen Minuten in Trance versetzen kann. Ich möchte dir aber auch Alternativen anbieten, damit du deinen persönlichen Weg findest.

Folgende Schritte gehen wir bei jeder Hypnose:

1. Vorsatz
2. Einleitung
3. Wirkungsteil
4. Ausleitung

Dabei ist nicht entscheidend, ob man von außen, also einer anderen Person hypnotisiert wird oder ob man sich selbst in Trance begibt.

1. SCHRITT – VORSATZ

Der erste Schritt ist die Entscheidung: Ich möchte jetzt loslassen, ich möchte jetzt in diesen angenehmen und schönen Zustand der Trance gehen. An welchem Ort ich das tue, ist völlig egal. Ich muss mich dabei nur wohlfühlen. Das kann im Flugzeug genauso wie auf einem Bahnsteig oder daheim im eigenen Bett sein.

Damit gerade zu Beginn das Abschalten leichter wird, empfehle ich Musik oder auch eine gesprochene Hypnose über einen Kopfhörer, damit die Ablenkung von außen nicht zu groß ist.

Dann heißt es sehr bewusst tief atmen und spüren, wie man sein zentrales Nervensystem und alle seine Funktionen ganz langsam runterfährt. Wichtig ist, sich nicht selbst unter Druck zu setzen oder eine zu hohe Erwartungshaltung zu haben. Die Entspannung wird von ganz allein kommen, mal früher und mal später, aber sie wird kommen. Damit befinden wir uns in einem Alpha-Zustand: Wir haben die Augen geschlossen und sind in einer leichten Entspannung.

Diejenigen, die in der Vergangenheit schon eine Fremdhypnose erlebt oder eine Showhypnose verfolgt haben, werden diesen Prozess vermutlich nicht als solchen wahrgenommen haben. Wir sprechen dabei von einem Rapport aufbauen. Die Person, die hypnotisiert werden soll, muss Vertrauen gewinnen, Ängste abbauen und vor allem muss sie daran glauben, dass der Hypnotiseur kompetent genug ist, sie in diesen hypnotischen Zustand zu versetzen und auch wieder herauszuholen.

Wie man das macht, erkläre ich dir anhand meiner eigenen Vorgehensweise in meiner Show. Am Anfang einer Show sind die meisten Gäste skeptisch und auch ein wenig ängstlich, keiner möchte auf die Bühne oder gar hypnotisiert werden. Meine Aufgabe besteht also darin, diesen Zustand in einen positiven Zustand zu verwandeln und meine Gäste für das Erlebnis Hypnose zu öffnen.

Der Prozess lautet PEACING – LEADING – RAPPORT und wird gerne der Neurolinguistischen Programmierung zugeschrieben. Es geht darum, zu einem Menschen Vertrauen aufzubauen, ihn für sich zu gewinnen und ihn dann zu führen. In meiner Show mache ich das natürlich nicht mit einer einzelnen Person, sondern ich arbeite ab der ersten Minute daran, das ganze Publikum für mich zu gewinnen.

Ich starte meine Show mitten im Publikum und begrüße einzelne Personen per Handschlag und spreche sie direkt an, auch den Rest des Publikums nehme ich auf diese Weise mit. Wenn ich fünf Personen die Hand schüttle, dann haben alle anderen ebenfalls das Gefühl, ich hätte sie persönlich begrüßt, was sofort eine viel größere Nähe erzeugt, als wenn ich als der große Zampano auf der Bühne erscheinen würde.

Auch die Begrüßung an alle und das erste Experiment finden noch im Saal und gemeinsam mit dem Publikum statt. Durch ein paar lockere Sprüche und die räumliche Nähe kann ich eventuell vorhandene Ängste bei meinen Zuschauern wunderbar abbauen, schließlich bin ich auf die Zusammenarbeit in den nächsten zwei Stunden angewiesen. Der ganze erste Teil dient dazu, die Gäste immer weiter für mich zu gewinnen und auf die Hypnose im zweiten Teil vorzubereiten.

Nach der Pause sind bei den meisten Gästen die Ängste abgebaut und Vertrauen aufgebaut. Jetzt fehlt nur noch die Bereitschaft zur Teilnahme an der Hypnose. Dafür erkläre ich sehr genau, was eigentlich eine Hypnose ist, und zeige damit meine Kompetenz im Bereich der Hypnose.

Im nächsten Schritt führen wir Suggestionsübungen durch, die meinen Gästen zeigen sollen, hoppla, das funktioniert ja auch bei mir. Das können z. B. zwei Finger sein, die sich wie Magneten aufeinander zu bewegen, oder eine Hand, die sich nur durch Gedankenkraft nach oben bewegt, oder eine Faust, die sich nicht mehr öffnen lässt. Daran erkenne ich sehr leicht die Bereitschaft zum Mitmachen. Wer zu diesem Zeitpunkt noch Angst hat, wird sich auch bei den Übungen nicht darauf einlassen.

Um möglichst viele zum Mitmachen zu bewegen, baue ich in diese Phase noch ein Yes-Setting auf. Ein Yes-Setting ist eine Kette von Zusagen (Yes), über die man nicht nachdenken muss, aber durch die Wiederholung der Bestätigung lässt man sich immer weiter darauf ein. Das ist das Leading, um zum Ziel zu gelangen. Um die Vorgehensweise besser nachvollziehen zu können, ein kleines Beispiel:

- Setzen Sie sich gerade hin
- Beide Füße auf den Boden
- Die Hände in den Schoß legen
- Machen Sie die Hand zur Faust
- Usw

Du merkst vermutlich, das sind keine Dinge, über die man nachdenkt, aber trotzdem folgen wir demjenigen, der es sagt. Es geht dann noch weiter.

- Können Sie bitte mal aufstehen
- Verraten Sie uns Ihren Namen
- Kommen Sie doch mit mir auf die Bühne
- Ist es in Ordnung, wenn ich Sie am Arm berühre?
- Ist es in Ordnung, wenn ich Sie jetzt hypnotisiere?

Ist eine Person so weit, dass sie alles mitmacht, wird sie bei dem Befehl „Schlaf“ genauso zustimmen, wie sie es zuvor getan hat. Das Ziel heißt, das „Denken ausschalten“ und „unterbewusste Handlung erwirken“!

2. SCHRITT – EINLEITUNG

Der nächste Schritt ist der Übergang in den hypnotischen Zustand. Bei einer Fremdhypnose spricht man dabei von der Induktion und der darauffolgenden Fraktionierung, der Vertiefung. In meiner Show demonstriere ich in der Regel verschiedene Techniken, die aber alle eines gemeinsam haben: den Überraschungsmoment. Auf diesen reagieren wir Menschen immer mit dem „Kampf- oder Fluchtreflex" und einer schlagartigen Adrenalinausschüttung. Mit der passenden Suggestion, in meinem Fall „Schlaf", reagieren wir völlig automatisch. Dies funktioniert nur nicht, wenn sich jemand dagegen sperrt oder Angst hat und daher andere Gedanken im Vordergrund stehen.

Auf diese sehr schnelle Einleitung muss eine Vertiefung des Zustandes stattfinden, sonst ist die Person gleich wieder im Wachzustand. Bei der Hypnose sprechen wir dabei von der Fraktionierung. Ziel ist, immer tiefer und tiefer den Hypnotisierten zu begleiten und alle anderen Umstände möglichst angenehm für ihn zu gestalten, um nicht bei einer Ablen- kung wieder aus dem hypnotischen Zustand zu erwachen.

Bei der Selbsthypnose kann ich mich schwer selbst überraschen, daher gibt es natürlich andere und auch unterschiedliche Möglichkeiten. Meine bevorzugte Technik ist die Induktion nach Betty Erickson. Diese Technik lenkt die Aufmerksamkeit langsam von außen nach innen, indem man Sinneswahrnehmungen ständig wiederholt.

In der ursprünglichen Form sitzt oder liegt die Person an einem Ort und nimmt visuell, auditiv und kinästhetisch die Umwelt war.

DER RHYTHMUS IST 3-2-1.

1. 3 x sehen, 3 x hören und 3 x fühlen

2. 3 x tief atmen

3. 2 x sehen, 2 x hören und 2 x fühlen

4. 2 x tief atmen

5. 1 x sehen, 1 x hören und 1 x fühlen

6. 1 x tief atmen

Am Ende befindet man sich aufgrund der Konzentration auf die eigenen Sinne und was um einen rum ist schon in Trance.

Ich habe die Technik für mich und meine Seminarteilnehmer ein wenig abgewandelt. Ich nehme nicht den Ort, an dem ich mich gerade befinde, sondern ich nehme einen Ort, an den ich nur denke. Durch die Wiederholung, immer wieder an den gleichen Ort zu denken, programmiere ich mein Gehirn schon darauf was kommt, der hypnotische Zustand. Ich spreche dabei von meinem Selbsthypnose-Ankerbild. Im Normalfall sitzt das Ankerbild schon nach kurzer Übungszeit und man kann jederzeit zu seinem persönlichen Bild zurückkehren und in Trance gehen.

Um es besser zu verstehen, erkläre ich dir, wie mein Bild aussieht. Ich sitze auf einer Parkbank im Central Park in New York. Ich sehe dabei Kinder beim Fußballspielen, zwei Frauen gehen sparzieren, eine hat einen Kinderwagen, auf der linken Seite stehen Bäume und an einem Baum jagen sich zwei Eichhörnchen. Ich höre die Kinder wie sie schreien, das Rascheln der Blätter vom Wind und das Knirschen des Weges, wenn die beiden Frauen vorbei gehen. Ich spüre die Parkbank, auf der ich sitze, den Wind und die Sonne auf meiner Haut.

Dieses Bild kann und soll absolut individuell sein, wenn du ein Bild am Strand oder auf einem Berg oder auch auf deiner Couch sitzen möchtest, alles ist in Ordnung. Es soll nur dein Bild sein, auf dem du deinen Ruhepol findest und in Trance gehen kannst. Das Ankerbild muss auch nicht real existieren, es kann vollständig in deiner Fantasie entstehen.

ÜBUNG

Schließe die Augen und stell dir einen Ort vor, an dem du dich wohlfühlst. Es kann ein Ort sein, an dem du schon einmal warst, es kann aber auch ein komplett neues Bild sein.

Suche dir jetzt in deinem Bild drei Dinge, die du **sehen** kannst, und sage dir in Gedanken, was du siehst:

„Ich sehe einen See"

„Ich sehe eine Eiche"

„Ich sehe Kinder spielen"

Im Anschluss achtest du auf die **Geräusche** in deiner Umgebung und zählst sie auf:

„Ich höre Wasser plätschern"

„Ich höre den Wind in den Bäumen"

„Ich höre einen Specht klopfen"

Danach suchst du dir Dinge, die du **fühlen** kannst:

„Ich fühle den Boden unter meinen Füßen"

„Ich fühle meine Uhr am Handgelenk"

„Ich fühle den Wind in meinem Gesicht

Im Anschluss bewusst 3 x tief atmen und dabei richtig spüren, wie sich dein Brustkorb hebt bzw. senkt.

Der nächste Schritt ist ein Durchgang mit jeweils zwei Sinneseindrücken. Ich sehe 2 x, ich höre 2 x, ich fühle 2 x und 2 x atmen und im letzten Durchgang jeweils einmal. Ich sehe 1 x, ich höre 1 x, ich fühle 1 x und 1 x atmen.

Nach allen Durchgängen solltest du in einer angenehmen Trance sein.

Zu Beginn muss man noch ein wenig nach den Sinneswahrnehmungen suchen. Nach ein wenig Übungszeit wird das Bild immer größer und vollständiger und es wird ein Leichtes sein, all diese Dinge zu sehen, zu hören und zu fühlen. Mit der Zeit weiß man, wann der Moment kommt und man immer tiefer in Trance geht.

Vertiefung

Auch bei einer Selbsthypnose ist es hilfreich, diese zu vertiefen. Ich stelle mir dafür eine Brücke vor, die sich rechts von mir befindet, und wenn ich von meiner Parkbank aufstehe und in Gedanken über die Brücke gehe, falle ich noch tiefer in diesen angenehmen Entspannungszustand.

Auch für die Vertiefung kannst du dir sehr individuell deinen Anker suchen, bei mir ist es die Brücke, es kann aber auch eine Tür oder ein Tor in eine neue Welt sein. Oder eine Treppe, wo du mit jeder Stufe tiefer fällst und nach der letzten Stufe in der totalen Entspannung angekommen bist.

Um diesen Anker zu finden, habe ich für dich eine spezielle Hypnose aufgenommen. Im Normallfall sollte es reichen, sie einmal zu hören, aber natürlich kannst du das so oft machen wie du möchtest.

Die Hypnosen zu diesem Buch erhältst du als mp3-Download im Bonusbereich unter folgender Internetseite:

https://www.change-your-mind.academy/selbsthypnose-buch/

ALTERNATIVEN ZUR 3-2-1-METHODE

Hier möchte ich dir noch weitere Alternativen aufzeigen, wie du in eine hypnotische Trance gelangen kannst. Nicht jeder Mensch ist gleich und was bei dem einen sehr gut funktioniert, funktioniert vielleicht bei dem anderen überhaupt nicht.

Ich selbst sehe keine Bilder, wenn ich meine Augen schließe. Das nennt man Afantasie und es sollen ca. 5 % der Menschen weltweit davon betroffen sein. Das ist kein wirkliches Handicap und nicht weiter tragisch, die meisten Betroffenen werden vermutlich nicht einmal wissen, dass sie zu der Gruppe gehören, da man halt andere Strategien nutzt, um sich etwas vorzustellen. Allerdings ist es für mich einfacher, bei der Hypnose mit der Konzentration auf Körperstellen zu arbeiten, z. B. dem Entspannen einzelner Muskelgruppen, als über Bilder.

Also nicht gleich aufgeben, wenn eine Methode nicht sofort funktioniert, sondern einfach probieren, was einem liegt. Sobald du das Gefühl für die Trance entwickelt hast, kannst du mit fast jeder Methode arbeiten.

DIE WENDELTREPPE

Stell dir eine Wendeltreppe mit zehn Stufen vor. Du stehst auf der obersten Stufe und gehst jetzt gleich Stufe für Stufe nach unten. Mit jeder Stufe sinkst du tiefer und tiefer in diesen angenehmen Zustand der totalen Entspannung. Die unterste Stufe ist der Zustand, den du erreichen möchtest, eine tiefe Trance.

Zähle bei jeder Stufe mit und mache nach jeder Stufe eine Pause. Lass dir ein wenig Zeit, immer tiefer zu fallen.

- „10 – ich schließe langsam die Augen und mache es mir bequem" (Pause) ...
- „9 – ich spüre, wie ich langsam und ganz tief einatme" ...
- „8 – ich spüre, wie ich doppelt so lange und langsam wieder ausatme" ...
- „7 – mein Puls geht ganz ruhig und ich fühle mich wohl" ...
- „6 – mein Körper wird komplett durchblutet und mir ist angenehm warm" ...
- „5 – ich spüre, wie sich meine ganzen Gesichtsmuskeln entspannen" ...
- „4 – ich spüre, wie sich alle Muskeln meines Körpers entspannen" ...
- „3 – ich falle tiefer und tiefer in diesen angenehmen Zustand der Entspannung" ...
- „2 – ich nehme einen tiefen Atemzug und spüre, wie sich mein Brustkorb hebt" ...
- „1 – ich atme aus und merke, wie sich der Brustkorb wieder senkt" ...
- „0 – ich bin angekommen in einer tiefen Entspannung" ...

Auch bei der Wendeltreppe kannst du am Ende zur Vertiefung deiner Trance noch eine Tür oder ein Tor einfügen. Wenn du durch die Tür gehst, fällst du tiefer und tiefer. Mit einer Vertiefung ist die Trance tiefer und stabiler und fällst nicht gleich beim ersten Gedanken zurück in ein bewusstes Denken.

AUGENFIXATION

Durch die Methode, einen bestimmten Punkt zu fixieren, ermüden die Augen sehr schnell und dadurch verstärkt sich die Neigung, in eine Trance zu gehen. Die Augenfixation ist vermutlich auch in der klassischen Hypnose eine der ältesten Methoden. Der Hypnotiseur kann dabei schon nach kurzer Zeit sehr direkt in den Theta-Zustand leiten und muss nur noch mit einer Vertiefung den Trancezustand stabilisieren. Das bekannteste Objekt hierfür ist vermutlich die Taschenuhr des Hypnotiseurs.

Für die Selbsthypnose können wir dieses Ermüden der Augenmuskulatur ebenfalls nutzen. Man benötigt dafür einen Punkt, den man fixieren kann. Hierfür kannst du die abgedruckte Farbkarte nutzen (Abb. 3). Auch ein Punkt an der Wand oder an der Zimmerdecke geht problemlos bei dieser Methode.

Sobald du bereit bist, in eine Trance zu gehen, konzentrierst du dich nur noch auf diesen Punkt. Versuche dabei, alle anderen Eindrücke auszuschalten und immer, wenn deine Gedanken abschweifen, solltest du versuchen, wieder zu dem Punkt zurückzukommen. Entspanne dabei deine Augen und du wirst merken, wie deine Augenlider immer schwerer und schwerer werden, manchmal brennen die Augen auch leicht oder tränen ein wenig. Du wirst selbst merken, wann es Zeit ist, die Augen zu schließen und in den Zustand der totalen Entspannung überzugehen.

3. SCHRITT – WIRKUNGSTEIL

Der Wirkungsteil ist die Phase, in der wir mit Suggestionen alte Muster abbauen und neue Muster aufbauen können. Es ist sozusagen die Zeit, in der wir unser Unterbewusstsein neu programmieren.

Dir stehen verschiedene Möglichkeiten zur Verfügung, um die Suggestionen in deinem Unterbewusstsein zu platzieren. Es ist möglich, die Trance mit offenen Augen zu erreichen, dann kannst du dir die Suggestionen selbst vorlesen. Bei geschlossenen Augen kannst du dir die Suggestionen laut vorsagen oder einfach nur vorstellen.

Ich empfehle immer, möglichst wenig Suggestionen pro Selbsthypnose zu nehmen, da wir sonst mit zu viel Dingen gleichzeitig beschäftigt sind. Entscheide dich am besten für ein bis drei Suggestionen und wiederhole sie in der Trance dreimal.

Wie solche Suggestionen aussehen, werden wir gezielt in diesem Buch ab Kapitel 5 behandeln:

- Welche Ziele habe ich?
- Welchen Kommunikationskanal möchte ich ansprechen?
- Wie lauten meine Suggestionen?

Außerdem werde ich dir im Teil 2 die unterschiedlichen Anwendungsmöglichkeiten zur erfolgreichen Umsetzung deiner Ziele an Beispielen aufzeigen.

4. SCHRITT – AUSLEITUNG

Um aus der Trance wieder zurück ins Hier und Jetzt zu gelangen, gibt es unterschiedliche Möglichkeiten. Wer nur sehr leicht weg ist, kommt wie aus einer kurzen Entspannung ganz von alleine zurück. Bei mir dauert eine Selbsthypnose normalerweise ca. 15 Minuten, danach erwache ich aus der Trance. Das liegt auch daran, dass ich meinem Unterbewusstsein vor der Selbsthypnose sage, wie lange ich in Trance gehen möchte. Wenn man der inneren Uhr nicht vertraut und sehr tief in eine Trance kommt, kann man sich z. B. einen Wecker stellen oder in seine Hypnosemusik eine Ausleitung sprechen.

Die könnte wie folgt lauten:

> „Ich zähle jetzt bis 5 ... und mit jeder Ziffer komme ich immer weiter zurück in den Wachzustand. 1 ich atme tief ein und merke, wie ich wieder zu Kräften komme, 2 ich atme aus und ich fühle mich gut, 3 meine Mus- keln werden wieder aktiv, 4 ich fühle mich wie frisch geduscht, absolut wach und topfit und 5 ich kann die Augen öffnen und bin wieder im Hier und Jetzt."

Natürlich ist es auch möglich, direkt von der Trance in einen tiefen Schlaf überzugehen und nach dem Schlaf gut erholt aufzuwachen. Gerade für Menschen mit Schlafstörungen ist es eine sehr angenehme Methode.

Diese Methode könnte folgendermaßen ablaufen:

> „Ich gehe jetzt drei Stufen nach unten und mit jeder Stufe falle ich tiefer und tiefer in einen angenehmen und erholsamen Schlaf. Erst wenn ich vollkommen ausgeschlafen bin, komme ich wieder zurück und bin gut erholt und frisch. Eins, ich atme tief ein und auf der Stufe zwei wieder ganz tief aus und drei, ich werde müder und müder und müder ..."

ZUSAMMENFASSUNG

Wie immer im Leben müssen neue Verhaltensweisen und Veränderungen geübt und gelernt werden. Das ist auch bei der Selbsthypnose der Fall. Ich kann dich aber beruhigen, der Aufwand ist nicht besonders hoch und vor allem ist sie sehr leicht durchzuführen. Eine detaillierte Beschreibung, wie du am besten vorgehst, gebe ich dir im Teil 3 – Erfolgreich umsetzen.

Wichtig für die Zukunft wird es sein, dass du nicht über den Ablauf Vorsatz – Einleitung – Wirkungsteil – Ausleitung nachdenken musst. Es soll ein automatischer Prozess in deinem Unterbewusstsein werden. Bei mir reichen oftmals nur die ersten Töne der Hintergrundmusik und schon falle ich in Trance. Wenn du so weit bist, hast du ein Werkzeug, das du dein ganzes Leben nutzen kannst.

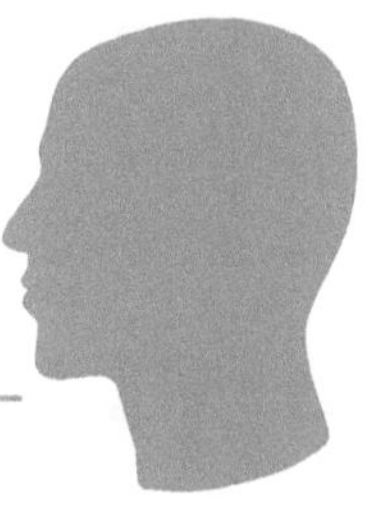

Je stärker die Motivation für ein Ziel,

desto offener wird das Unterbewusstsein

für positive Suggestionen.

KAPITEL 5
ZIELE ERREICHEN

Nachdem du jetzt gelernt hast, wie du in Trance gerätst, kannst du diese Technik schon nutzen, um zu entspannen und zu relaxen. Vielleicht ist das nicht dein einziger Wunsch und du möchtest alte Gewohnheiten in deinem Unterbewusstsein umprogrammieren und deine persönlichen Ziele erreichen. Daher beschäftigen wir uns in diesem Kapitel mit deinen Zielen, deiner Motivation und wie du diese erhöhen kannst und welche Blockaden dich vielleicht bisher daran gehindert haben, deine Ziele zu erreichen.

SMART – DEIN ZIEL

Die Grundlage des Erfolgs ist, ein Ziel zu haben und dieses Ziel möglichst auf den Punkt zu formulieren. Die Vorgehensweise nach dem SMART-Prinzip wird dir helfen, deine Ziele entsprechend zu betrachten und zu formulieren. Jeder Buchstabe steht für ein wichtiges Merkmal in deinen Zielen.

S Spezifisch

M Messbar

A Anspruchsvoll

R Realistisch

T Terminiert

1. SPEZIFISCH

Ein Ziel muss klar definiert sein. Um sich über das eigene Ziel klar zu werden, helfen folgende Fragen:

Wer macht es? ICH!
Was mache ich?
Warum mache ich es?
Wie mache ich es?

2. MESSBAR

Das Ziel sollte messbar sein. Lege Kriterien fest, an denen du überprüfen kannst, ob du es erreicht hast.

3. ANSPRUCHSVOLL

Andere Übersetzungen für das A sind auch akzeptiert oder attraktiv. Aus meiner persönlichen Sicht halte ich ein anspruchsvolles Ziel aber für wichtiger. Um aktiv zu werden, benötigen wir eine gewisse Herausforderung. Wenn ich mir als Ziel setze, zehn Kilogramm in einem Jahr abzunehmen, dann sind das nicht einmal 200 Gramm pro Woche. Wenn ich das mal nicht schaffe, dann sage ich mir, dann halt nächs-

te Woche und dann wieder nächste Woche, bis ich das Ziel aus den Augen verliere. In so einem Fall würde ich das Ziel lieber in kleine Stücke runterbrechen, um es anspruchsvoller zu machen.
In den nächsten vier Wochen möchte ich zwei Kilogramm abnehmen. Wenn ich das Ziel erreicht habe, würde ich als Nächstes das Ziel ausgeben, in den folgenden vier Wochen das Gewicht zu halten und dazu 2 x in der Woche 45 Minuten Sport zu treiben, um mir am Ende wieder ein neues 4-Wochen-Ziel zu setzen. Damit zwinge ich mich, an dem Ziel festzuhalten und mich immer wieder neu damit zu beschäftigen.

4. REALISTISCH

Das ist die Betrachtung von der anderen Seite. Ein Ziel muss erreichbar sein.
Wenn ich mir vornehme, die oben genannten zehn Kilogramm in zwei Wochen abzunehmen, ist das wenig realistisch, außer ich höre mit der Nahrungsaufnahme ganz auf, aber dann ist das Ziel nicht attraktiv und ich habe wenig Interesse, es langfristig zu verfolgen.

5. TERMINIERT

Um das Ziel messen zu können, ist eine Terminvorgabe erforderlich. Bis wann muss das Ziel erreicht sein? Hier ist es sehr hilfreich, große Ziele herunterzubrechen und Teilziele zu formulieren. Dadurch erreicht man auch Teilerfolge, freut sich darüber und ist motiviert, den nächsten Schritt zu gehen.

Folgende Formulierungen enthalten alle erforderlichen Punkte:

„Ich will in zwölf Wochen sechs Kilogramm abnehmen, indem ich auf Alkohol und Süßigkeiten konsequent verzichte.“
oder
„Ich will in den nächsten sechs Monaten meine Zeit auf 5.000 Meter

um 20 Sekunden verbessern, indem ich konzentriert arbeite und mich bewusst ernähre."

Damit sich unser Unterbewusstsein immer wieder an das Ziel erinnert, würde ich es neben der Suggestion in der Hypnose aufschreiben und an den Spiegel, die Kühlschranktür oder die Haustür hängen.

MEINE ZIELE

MOTIVATION

Um den Weg der Veränderung zu gehen, ist es nicht nur wichtig, die eigenen Wünsche und Träume zu kennen, sondern es ist vor allem entscheidend, die Motivation für die Umsetzung zu erhöhen.

Wir können die schönsten Ziele formulieren, wenn wir aber nicht berücksichtigen, warum wir das Ziel erreichen möchten, dann gibt es auch keinen Grund, damit anzufangen.

Wie bewegt man einen Esel? Genau, indem man eine Karotte vor das Gesicht hält und er wird ihr nachlaufen. So ähnlich ist auch sehr häufig unser Weg der Motivation. Uns wird oder wir halten uns selbst die Karotte vor die Nase und beginnen zu laufen, je nach Größe der Karotte auch ein wenig schneller. Wir sind aber keine Esel und verlieren immer mehr an Geschwindigkeit, die Karotte bzw. das Ziel zu erreichen.

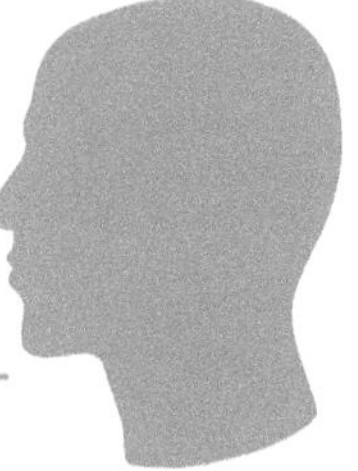

Wer immer tut, was er schon kann,

bleit immer das, was er schon ist.

Henry Ford (1863-1947)

Nur selten funktionieren Neujahrsvorsätze, da sich die wenigsten Gedanken machen, warum sie mit dem Rauchen aufhören, zehn Kilogramm abnehmen oder einen Führungsjob in diesem Jahr unbedingt erreichen möchten. Es fehlt der tief sitzende Grund, der unserem Unterbewusstsein mitteilt, warum wir unseren Vorsatz realisieren möchten.

Ganz spannend sind immer wieder Teilnehmer in meinen Seminaren, die die Teilnahme als Geschenk bekommen haben, damit sie endlich mit dem Rauchen aufhören. Unser Unterbewusstsein hat keinen Schalter, den man mit der Hypnose umlegt und dann sind alle alten Prägungen und Erfahrungen gelöscht. Wenn der Partner sagt: „Ich helfe dir dabei, dass du mit dem Rauchen aufhörst", dann ist das sicher sehr gut gemeint und eine Unterstützung von außen ist wirklich hilfreich, aber es passiert nichts von alleine. Wenn der eigene Wunsch, das Ziel zu erreichen, nicht vorhanden ist, dann werden wir es auch nicht schaffen.

Wir müssen zu 100 % hinter unserem Ziel stehen. Weichen wir davon nur minimal ab, werden alte Erfahrungen und Muster helfen, das Ziel nicht zu erreichen.

Da wir gerne in tollen und großen Zielen denken, aber unser Unterbewusstsein sehr detailliert arbeitet, müssen wir, um erfolgreich die Ziele zu erreichen, auch das berücksichtigen.

Wenn ich andere Eltern frage: „Warum gehen deine Kinder auf die Schule und warum müssen sie Abitur machen und studieren?", bekomme ich als Antwort: „Sie sollen es mal sehr gut haben und einen interessanten und gut bezahlten Job bekommen."

Das Ziel der Eltern mit ihren Kindern liegt also fast 20 Jahre in der Zukunft und ist zudem ein Ziel, das die Kinder nicht verstehen. Dafür müssen mache Kinder schon während der Grundschulzeit zur Nachhilfe, um sich danach im Gymnasium noch mehr zu quälen.

Ich sehe schon ein paar Eltern das Buch in die Ecke werfen, schließlich wollen sie ja nur das Beste für ihr Kind. Daran zweifle ich auch keinen Moment und finde es gut, wenn man das Ziel hat, sein Kind auf ein schönes Leben vorzubereiten. Es ist aber in diesem Moment das Ziel der Eltern, nicht der Kinder.

Erziehung wird so viel einfacher, wenn die Kinder verstehen, warum sie etwas tun sollen. Das kostet im ersten Schritt viel mehr Anstrengung, schließlich sind wir als Kleinkind noch nicht in einen künstlich erzeugten Tagesablauf wie die Schule gepresst. Hinzu kommt, dass wir auch ohne Schule lernen, und zwar vom ersten Tag unseres Lebens an, indem wir uns Dinge von anderen abschauen. Kinder müssen selbst das Ziel haben, die Welt zu entdecken und neue Dinge zu lernen, dann lernen sie wirklich etwas.

So ist es immer noch, wenn wir erwachsen sind, wir müssen selbst verstehen und Gründe dafür finden, warum wir ein Ziel erreichen möchten. Je klarer uns die Gründe sind und je detaillierter wir die Motivation für unser Ziel kennen, umso einfacher werden wir es erreichen.

Der Prozess ist einfach und du musst nur zwei Schritte gehen, am besten, du schreibst sie dir gleich auf:

Schritt 1: Zunächst solltest du alle Gründe betrachten, die für das Erreichen deines Ziels sprechen. Es gibt dabei kein falsch oder richtig. Schreib alle Punkte auf, die dir einfallen, auch wenn sie im ersten Moment vielleicht noch absurd klingen.

Schritt 2: Im Anschluss priorisiere die einzelnen Punkte nach ihrer Wichtigkeit, dein stärkstes Motivationsargument zu Beginn.

Am Ende muss dir bewusst sein, warum du das Ziel erreichen möchtest. Nur zu sagen „Rauchen ist nicht mehr cool" wird zum Beispiel nicht reichen, um mit dem Rauchen aufzuhören. Auch Argumente, die von außen kommen, sind in der Regel nicht so stark. Eine Ausnahme könnte aber sein, dass der Partner droht, einen zu verlassen oder gesundheitliche Probleme hat, wenn man nicht aufhört zu rauchen.

MEINE MOTIVATION

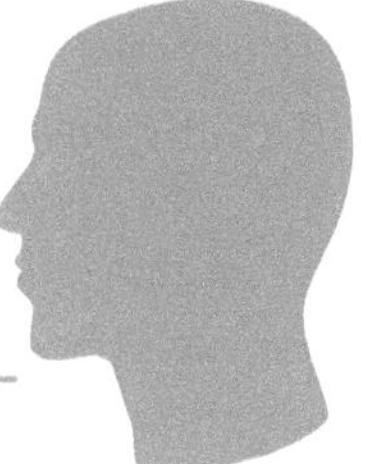

Love it, change it

or leave it.

Henry Ford (1863-1947)

UNBEWUSSTE BLOCKADEN LÖSEN

Das nächste große Hindernis sind unsere unbewussten Blockaden. Wir müssen sie kennen und wenn wir sie kennen, einen Weg finden, sie zu durchbrechen. Wenn wir diesen Schritt vernachlässigen, ist das Risiko groß, dass unser Unterbewusstsein wieder zurückschlägt und unsere Suggestionen nicht funktionieren, da die alten Gewohnheiten die neuen Suggestionen dominieren.

Im ersten Moment wirst du dich vielleicht fragen, was könnte das sein, was mich blockiert? Gibt es so etwas überhaupt und habe ich das auch? Ich habe dir in diesem Buch gezeigt, wie unser Unterbewusstsein funktioniert und dass wir es schon als Embryo füttern. Blockaden können dann entstehen, wenn wir schon als Kind negative Ereignisse erleben oder uns Dinge angewöhnen, von denen wir nicht so schnell ablasen können.

In den 1970er Jahren war es in den meisten Familien ein Grundsatz, dass die Kinder ihre Teller leer essen mussten.

Das war auch vollkommen logisch, die Eltern aus der Zeit sind in der Nachkriegszeit aufgewachsen und da war Nahrung vielerorts Mangelware. Es war also wichtig, jegliche verwertbare Energie zu verwerten. Das nahmen diese Kinder mit in ihr Erwachsenenleben und haben es an ihre Kinder weitergegeben. Aber was hat das dann für Auswirkungen, wenn Nahrung im Überfluss da ist?

Ich wurde ebenfalls darauf geprägt, immer alles aufessen zu müssen, und ich tue mich auch heute noch schwer, etwas auf dem Teller liegen zu lassen. Bei mir ging das früher so weit, dass ich sogar die Teller meiner Frau und meiner beiden Töchter leer gegessen habe – ähnlich einem Hausschwein. Dass dies nicht gesund und keine gute Einstellung ist, muss ich mit Sicherheit nicht vertiefen.

Ich tat mich auch unheimlich schwer, nur einen Teil von etwas zu essen. Wenn ich eine Päckchen Gummibärchen oder eine Tafel Schokolade aufmachte, dann wurde auch der letzte Rest gegessen. Erst durch eine Hypnose habe ich das in den Griff bekommen und kann heute durch meine eigene Umprogrammierung auch mal nur einen Teil einer Packung essen.

Ein weiteres Hindernis kann die Erfahrung sein, es hat mir gutgetan. Wenn ich merke, es geht mir besser, der Stress oder die schlechte Laune, der Frust ist leichter zu ertragen wenn ich esse, dann werde ich das immer wieder tun. Dies ist vor allem bei Rauchern gut zu erkennen, sie haben viele Anker erschaffen, wann sie eine Zigarette benötigen. Das sind Gewohnheiten, die wir mit unserem Bewusstsein brechen müssen. Warum muss man nach dem Aufwachen gleich auf den Balkon und sich eine Zigarette anzünden oder sich vor dem wichtigen Termin zur Beruhigung noch einmal schnell mit Nikotin vergiften? Dummerweise beruhigt Nikotin nicht, sondern, ganz im Gegenteil, es erhöht die Herzfrequenz und sorgt eher für Stress als dass es ihn abbaut.

Seit der Verschärfung der Gesetze gegen das passiv Rauchen im Jahr 2007 hat sich ein weiteres Problem aufgetan. Raucher bilden eigene Gruppen, sie gehen gemeinsam vor die Kneipe oder aus dem Büro und verbringen dann zehn Minuten in dieser Gruppe. Da wir Menschen soziale Wesen sind und uns die Zugehörigkeit zu Gruppen sehr wichtig ist, ist es umso schwerer, sich davon zu trennen. Wenn also ein Raucher sein Laster aufgibt, verliert er in diesem Moment auch die Zugehörigkeit zu der Gruppe Raucher. Auch dies ist eine sehr schwere unbewusste Blockade, die vorab berücksichtigt werden muss. Was mache ich in der Zeit, wenn die anderen rauchen, und gehöre ich dann nicht mehr zu der Gruppe?

Weitere Beispiele werde ich im Teil 2 jeweils in den Anwendungsthemen behandeln. Hier möchte ich noch den nächsten Schritt aufzeigen, wie man diese Blockaden lösen kann. Man kann zum Beispiel eine Ersatzhandlung finden und statt des Schokoriegels lieber einen Apfel essen. Dies muss in der Suggestion verarbeitet werden.

„Immer wenn ich Lust auf etwas Süßes habe, freue ich mich auf einen frischen, leckeren Apfel.“

Oder als Ersatzhandlung für die Zigarette am Morgen:

„Immer wenn ich aufstehe, erfreue ich mich an dem Duft eines leckeren Tees und nehme mir ausgiebig Zeit, ihn zu genießen.“

Ein weiterer Weg ist, einen Anker für eine bestimmte Handlung zu finden.

„Sobald ich einen Flughafen betrete, rieche ich ganz intensiv an meinem Lieblingsduft. Alle Angst ist verflogen und ich fühle mich absolut frei.“

Feste Termine sind ebenfalls wichtig. Am besten schriftlich festhalten und, ganz wichtig, auch einhalten. Wenn man sie einmal ignoriert, ist die Gefahr groß, sie wieder zu vernachlässigen.

„Ich werde jeden Freitag um 16:00 Uhr meine Arbeit beenden und genieße als Erstes eine tiefe und entspannende Hypnose."

Blockaden, die man nicht lösen kann, muss man akzeptieren. Wenn man aber bewusst nachdenkt, sind unterbewusste Blockaden oftmals kein Hindernis mehr, zu innerer Klarheit und neuen Möglichkeiten.

Bei tief sitzenden Blockaden, die man nicht selbst lösen kann, zum Beispiel durch traumatische Erlebnisse, hilft es, gemeinsam mit einem Hypnotherapeuten daran zu arbeiten

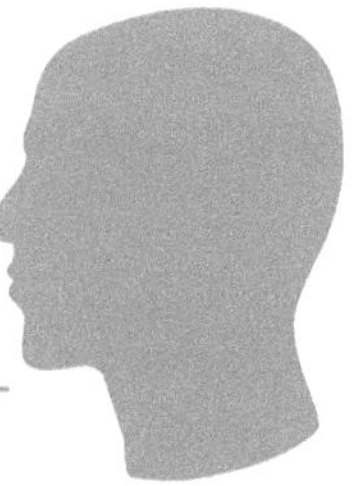

Wir erhalten immer das,

was wir in Auftrag geben.

Das ist leider nicht immer das,

was wir anstreben.

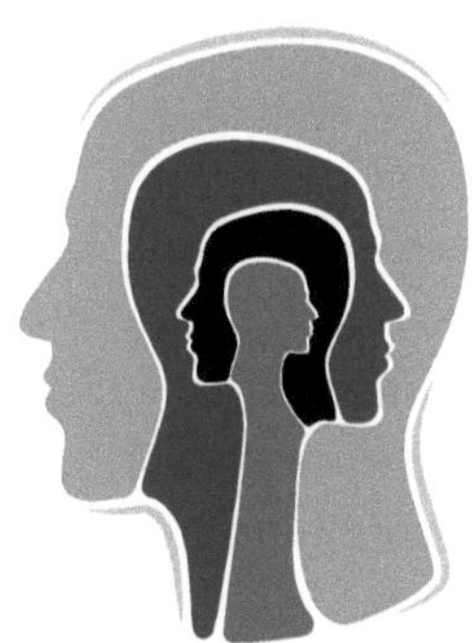

KAPITEL 6

DER DIALOG MIT MEINEM UNTERBEWUSSTSEIN

In den vorangegangenen Kapiteln hast du gelernt, wer du bist und was dich steuert, wie du mithilfe der Hypnose erfolgreich mit deinem Unterbewusstsein kommunizieren kannst und wie du deine Ziele erreichst. Jetzt wird es Zeit, den Dialog mit dem Unterbewusstsein einzugehen und zu verstehen, welchen Kommunikationskanal du bevorzugst, welche Anker für dich hilfreich sind und wie du Suggestionen bestmöglich formulierst.

Nur der Verkäufer, der an der Chefsekretärin vorbeikommt und dann das anbietet, was zur Lösung eines Problems beiträgt, wird erfolgreich sein. Wir müssen also die richtige Eingangstür wählen, den passenden Schlüssel besitzen und die richtige Wirkung erzielen. Dann werden wir als Sieger unser Unterbewusstsein nach unseren Wünschen beeinflussen.

MEIN KOMMUNIKATIONSKANAL

Unsere Kommunikationskanäle sind die Informationssensoren nach außen und wir sind immer auf Empfang für neue Informationen. Wenn man sich unser Gehirn als Haus mit fünf Eingangstüren vorstellt, haben wir für jeden Sinn einen Eingang. Die visuelle Wahrnehmung ist unser präferierter Eingangskanal, jedoch sind Hören, Fühlen, Schmecken und Riechen ebenfalls nicht zu vernachlässigen, auch wenn Schmecken und Riechen in der heutigen Zeit nicht mehr so wichtig sind wie in einer Zeit, in der wir noch Sammler und Jäger waren und verdorbene oder giftige Nahrung von der gesunden Nahrung unterscheiden mussten.

Die beiden Begründer des Neurolinguistischen Programmierens John Grindler und Richard Bandler unterteilen die Menschen nach ihrem bevorzugten Kommunikationskanal. Wir bevorzugen unsere Sinneskanäle unterschiedlich und den Kommunikationskanal, den wir favorisieren, nutzen wir beim Abrufen von gespeicherten Informationen und bei Denkprozessen.

Wenn wir also unseren bevorzugten Kommunikationskanal kennen, können wir unsere Suggestionen und Anker genau darauf ausrichten und dadurch die Erfolgschance erhöhen. Im Umkehrschluss bedeutet das: Einem Menschen, der schlecht riechen kann, brauchen wir keinen Geruch als Anker setzen. Ein sehr visueller Mensch wird auf die Berührung eines Gegenstandes nicht so leicht reagieren wie auf ein Bild.

Daher wollen wir die Unterschiede betrachten, damit du deinen Kommunikationskanal kennenlernst und ihn daraufhin ansprechen kannst.

Den **visuellen** Typ erkennt man an folgendem Sprachgebrauch:

- „Ich sehe den Standpunkt"
- „Ich kann mir das gut vorstellen"
- „Das ist offensichtlich"
- „Ich sehe, was Sie meinen"

Ein passendes Suggestionssymbol für den visuellen Typ wäre ein Bild in der eigenen Vorstellung:

„Immer wenn ich nervös bin, schließe ich die Augen und kehre zurück an meinen Strand, ich sehe das Meer und genieße den herrlich blauen Himmel."

Der **auditive** Typ formuliert eher nach dem, was er hört:

- „Das höre ich gerne"
- „Nie davon gehört"
- „Ich verstehe das Wort für Wort"
- „Keine Frage"

Der passende Anker für den auditiven Typ wäre ein Wort oder ein Satz, den er sich vorsagt:

„Immer wenn ich eine Spinne sehe, sage ich laut „spinnt die Spinne" und ich werde sofort ruhig und habe keine Angst mehr vor der kleinen Spinne."

Der **kinästhetische** Typ muss alles berühren.

- „Ich kann nicht begreifen"
- „Ich begreife das nicht"
- „Ich bin hin- und hergerissen"
- „Das geht mir unter die Haut"

- „Man spürt ..."

Für den kinästhetischen Typ benötigen wir ein Symbol, das er berühren kann. Das kann ein Glücksbringer oder auch eine Körperstelle sein.

„Immer wenn ich Nikotinmangel habe, ziehe ich so lange an meinem linken kleinen Finger, bis das Verlangen zurückgeht."

Wichtig dabei: Das Suggestionssymbol muss im Wirkungsteil fest verankert werden, am besten mit Wiederholungen.

Die beiden übrigen Sinne, den gustatorischen und den olfak- torischen, nutzt in der Regel niemand bevorzugt, allerdings kann man diese Sinne trotzdem als Anker einsetzen. Mit dem Duft aus einem Riechfläschchen oder einem speziell schmeckenden Bonbon oder Kaugummi lässt sich zum Beispiel sehr gut ein Anker platzieren.

Wer mich schon in meiner Show besucht hat, hat wahrscheinlich gesehen, wie ich den Gästen, die bei der Hypnose mitgemacht haben, einen Duft geschenkt habe. Das ist ein Birkenduft und die Suggestion dazu lautet:

„Immer wenn du diesen Duft riechst, fühlst du dich gut wie nach einem Wellnesstag, total entspannt und glücklich."

Nachdem ich den Duft in einigen Jahren schon viele hun- derte Mal verschenkt habe, bekomme ich immer wieder Rückmeldungen. Der „Problemlöser" wird eingesetzt, um Kopfschmerzen zu bekämpfen, die Nervosität in den Griff zu bekommen bis zum Einsatz bei der Entbindung. Mich freut das wirklich sehr. Als ich damit begonnen hatte, war mir die Langfristigkeit des Ankers noch gar nicht bewusst.

MEIN ANKER

Was machst du, wenn du an eine rote Ampel kommst? Vermutlich stehen bleiben, was für eine Frage. Aber warum machen wir das? Sind wir mit dem Wissen bei Rot bleiben wir stehen auf die Welt gekommen? Natürlich nicht, wir haben es gelernt und es ist in unserem Kopf eine Verknüpfung zwischen der roten Ampel und der Reaktion stehen bleiben entstanden.

Nichts anderes ist ein Anker, es werden zwei vorhandene Dinge in unserem Gehirn verknüpft und daraus erfolgt eine Reaktion. Was passiert, wenn wir einen Zusammenhang nicht verstehen? Folgendes habe ich in einem Video gesehen. Ein junger Mann müht sich beim Streichen eines Zimmers, um bis an die Decke zu gelangen. Dann kommt sein Chef und sagt ihm, er solle doch die Leiter nehmen, dann wäre es einfacher. Der junge Mann nimmt die Leiter, klebt den Pinsel an das eine Ende und benutzt die Leiter als Verlängerung. Für alle die wissen, wie eine Leiter funktioniert, ein sehr lustiger Anblick, aber der junge Mann hat vermutlich noch nie eine Leiter gesehen und kannte nicht den eigentlichen Zweck, also hat er sie als Verlängerung wie einen Ast genutzt. Eigentlich genial, er hatte ein Problem und hat eine Lösung gefunden.

Für uns wäre der Zusammenhang ich muss höher, als ich groß bin und ich habe dazu eine Leiter sofort klar gewesen. Es ist ein zusammenhängender Anker.

Im Kapitel 2 habe ich dir Pawlow und seine Hunde vorgestellt. Deren Anker war am Ende die Glocke. Sie haben mit vermehrtem Speichelfluss reagiert, obwohl kein Fressen in Sicht war.

Wir haben aber nicht nur angelernte Anker, sondern auch angeborene. Wenn wir Schmerzen haben, weinen wir und wenn wir uns freuen, lachen wir. Zudem löst es in uns etwas aus, wenn wir lachen. Wir stoßen Glückshormone aus und unsere Stimmung steigt. Gleichzeitig wird dadurch die Ausschüttung unseres Stresshormons Adrenalin unterdrückt und sogar unser Immunsystem wird durch Lachen angeregt. Lachen ist daher ein sehr starker Anker, den wir regelmäßig nutzen sollten.

Des Weiteren können wir an jedem unserer Sinne unterschiedliche Anker installieren. Je nachdem, welchen Kommunikationskanal ich präferiere, kann ich diesen Sinn auch bevorzugt nutzen. Betrachten wir das anhand eines Beispiels.

„Ich möchte mehr Selbstvertrauen, wenn ich einen Vortrag vor meinem Kunden halten muss."

Visueller Anker

Beim visuellen Anker arbeiten wir mit Bildern. Das kann etwas sein, das wir sehen, was zum Beispiel im Raum steht, oder auch ein bestimmtes Kleidungsstück, eine Farbe oder ein Tattoo. Es kann aber auch nur ein Bild sein, das ich mir nur gedanklich vorstelle.

Beispiel:

Ich schließe die Augen und stelle mir einen Löwen vor. Seine Mähne weht im Wind und er ist stark, kräftig und alle anderen Tiere wissen das auch.

oder ... ein Bild eines Löwen im Portemonnaie

oder ... ein Löwe als Figur zum Anschauen

Auditiver Anker

Wir können beim auditiven Anker mit Worten arbeiten, aber auch mit Geräuschen oder Melodien. Eine bestimmte Melodie auf dem Handy verbunden mit dem gewünschten Zustand wäre ein sehr guter Anker. Ein gutes Beispiel ist der Jingle der Telekom. Wer die Töne hört, weiß sofort was gemeint ist, dazu noch das Magenta T als visueller Anker und die Verknüpfung ist in unserem Gehirn komplett. Ob wir wollen oder nicht.

Beispiel:

Ich brülle laut: *„ROOOAAAR, ich bin stark wie ein Löwe"*

oder ... ich installiere mir das Brüllen eines Löwen auf mein Smartphone und verankere es mit Selbstvertrauen.

Gerade den auditiven Kanal habe ich schon immer sehr intensiv genutzt. Ich habe als junger Mann sehr viel Tennis gespielt und im Nachhinein betrachtet, war das für meine Gegner nicht immer ganz angenehm. Ich habe mich häufig sehr laut auf dem Platz angefeuert und angeschrien. Aber dadurch bin ich in den richtigen State für den Erfolg gekommen und diese Routine habe ich, auch ohne bewusstes Wissen über Anker, in den Berufsalltag übernommen. Ich bin schon sehr jung Account Manager geworden und meine Kunden waren Geschäftsführer und Vorstände und oftmals 30 Jahre älter als ich. Wenn ich zu einem wichtigen Termin gefahren bin, habe ich mich im Auto lautstark gepuscht. Man muss berücksichtigen, damals wurde im Auto noch nicht mit Freisprecheinrichtung telefoniert. Für andere Autofahrer muss ich damals ausgesehen haben, als würde ich mich mit meinem unsichtbaren Freund unterhalten. Aber ich habe mit diesem Ritual genau das erreicht, was ich auch auf dem Tennisplatz geschafft habe, ich bin konzentriert und siegesgewiss in die Präsentation gegangen.

Kinästhetischer Anker

Etwas zu spüren oder zu fühlen, kann ebenfalls ein sehr starker Anker sein und da wir diesen Anker sehr leicht und unauffällig einsetzen können, macht es ihn so wertvoll. Es kann eine Berührung an einem bestimmen Punkt sein, wie das Ziehen an einem Ohrläppchen, es kann aber auch ein unauffälliges Drücken auf das Handgelenk sein.

Ein gutes Beispiel war Boris Becker zu seiner aktiven Zeit als Tennisspieler. Er brachte sich mit seiner „Becker-Faust" in die richtige Stimmung. Dies war sicherlich kein von außen gesetzter Anker, sondern der hat sich mit der Zeit ergeben und ist mit jedem Erfolg immer weiter gewachsen. Er hat in seiner Faust sozusagen den Erfolg gespürt.

Beispiel:

Ein Schlüsselanhänger mit einem Löwen, den man in die Hand nimmt und damit die Sicherheit spürt.

oder ... die eigenen Fingernägel in den Handrücken drücken und die „Krallen" des Löwen spüren.

Olfaktorischer Anker

Unsere Nase entscheidet häufig, wen wir sympathisch finden. Es ist ein angeborener Anker, der für uns die Entscheidung trifft, wen wir anziehend wahrnehmen. Auch der unangenehme Geruch von verdorbenen Nahrungsmitteln war in der Vergangenheit wichtig, um zu überleben.

Auch wenn unser Geruchssinn in der heutigen Zeit nicht mehr ganz so bedeutend ist, kommen wir beim Duft von Zimt und Glühwein in Weihnachtsstimmung oder schwärmen von der guten Landluft oder der Brise am Meer.

Beispiel:

Wenn ich beim Löwen bleiben möchte, wäre der Geruch einer Katzenmarkierung sicherlich ideal, da der Zusammenhang klar ist. Allerdings ist der Gestank sehr penetrant. Ich würde daher eher zu einem Parfüm raten. Um viel Power und Energie zu bekommen, sind Zitrusdüfte ideal, und wer eher beruhigt werden muss, nimmt am besten Jasmin oder Lavendel. Ein Bezug zur Katze wäre vielleicht noch die Minze.

Gerade bei Düften kann ich empfehlen, ein wenig damit zu spielen und auszuprobieren.

Gustatorischer Anker

Viele gehen automatisch zur Kaffeemaschine, sobald sie müde werden, und nach dem ersten Schluck sind sie wieder hellwach. Ist daran das Koffein schuld oder ist es nur der Anker in uns, sobald ich eine Tasse Kaffee trinke, bin ich wieder hellwach?

Den Geschmackssinn kann man sehr gut als Ersatzhandlung einsetzen. Wenn ich das Verlangen nach einer Zigarette habe, bekommt mein Körper den Ersatzgeschmack Kaugummi und damit reduziert sich das Verlangen nach dem Nikotin.

Beispiel:

Da wird der Bezug zum Löwen sicherlich noch schwieriger, aber man kann einen Kaugummi oder ein Getränk mit dem Thema Selbstvertrauen verankern.

Ein negatives Beispiel wäre der Alkohol, der vor allem in der Vergangenheit von vielen Bühnenkünstlern als Anker für Selbstvertrauen genutzt wurde.

Die Sinneseindrücke können auch in einem Anker miteinander kombiniert und somit noch eindeutiger installiert wer- den. Wenn ich weniger Süßigkeiten essen möchte, kann ich einen Anker mit dem Öffnen der Schublade mit den Süßigkeiten (kinästhetisch) mit den Worten, die ich mir vorsage:

„Ich esse lieber einen Apfel statt der Schokolade" (auditiv), und dem Geschmack des Apfels, wenn ich reinbeiße (gustatorisch), verknüpfen. Zusätzlich könnte ein Bild von einem Apfel in der Schublade liegen (visuell).

Wer sich dennoch für die Süßigkeit entscheidet, macht es in dem Moment bewusst und das ist aus meiner Sicht vollkommen in Ordnung. Man muss sich auch mal was gönnen. Wer sich ausschließlich zu seinen Zielen zwingt, wird seinen Weg nur schwer durchhalten können und auch keinen Spaß an seinen Zielen haben. Wenn man Verhaltensänderungen anstößt, sollten diese nach wie vor die Freude am Leben nicht unterdrücken, sondern bewirken, dass man das, was man macht, auch gerne macht. Der Weg zum Ziel muss also ebenso Spaß bereiten und das sollte man schon bei den entsprechenden Ankern beachten.

Weitere mögliche Anker möchte ich dir im Teil 2 bei den einzelnen Anwendungsbereichen anbieten. Wichtig ist aber, nicht irgendeinen Anker zu nehmen, sondern er muss zu dir passen.

MEINE SUGGESTIONEN

Der Begriff „Suggestion" löst bei den meisten Menschen ein unangenehmes Gefühl aus. Schließlich geht es bei der Suggestion um eine Manipulation von außen, oftmals auch unbewusst.

Wir übersehen dabei, dass wir mit unserer Sprache alle Suggestionen nutzen, dies ist uns nur nicht bewusst. Außerdem sind Manipulationen nicht unbedingt negativ, man kann jemanden auch positiv manipulieren.

Eltern, die ihre Kinder stärken in dem was sie tun, ihnen Mut zusprechen, wenn etwas nicht klappt, und sie loben, wenn sie etwas geschafft haben, suggerieren ihnen, dass sie etwas erreichen können, dass sie gut sind. Als junge Erwachsene haben diese Kinder dann Selbstvertrauen. Dies wurde ihnen in der Kindheit suggeriert.

In die andere Richtung läuft es, wenn die Eltern sagen „Ich wusste, dass du das ausschüttest" oder „Mir war klar, dass du das fallen lässt, du bist einfach ein wenig ungeschickt".

Das ist sicherlich nicht böse gemeint, aber das Unterbewusstsein nimmt das auf und das Kind wird immer ungeschickter. Es ist ein Prozess der selbsterfüllenden Prophezeiung.

Es wäre aber zu einfach gedacht, wenn wir glauben, wir müssen unsere Kinder nur noch loben und dann werden sie perfekt. Auch das wäre eine Suggestion, die nicht funktioniert. Ein Mensch, der glaubt, immer alles richtig und perfekt zu machen, ist nicht mehr kritikfähig oder bereit, sich weiterzuentwickeln. Die große Kunst der Erziehung ist, den Mittelweg zu finden, und der kann sich in jedem Jahr verschieben.

Suggestionen sind also nicht per se negativ oder positiv und um tatsächlich Veränderungen in unserem Leben herbeizuführen, sind sie der wichtigste Teil einer Hypnose. Das bedeutet, die Suggestion muss von mir beziehungsweise von meinem Unterbewusstsein angenommen werden, damit sie ihre Wirkung entfalten kann. Unsere Aufgabe besteht darin, die Motivation zu erhöhen, unsere Blockaden zu eliminieren und unser Ziel in die für uns passende Suggestion zu integrieren. Zusätzlich wissen wir, welchen Kommunikationskanal wir bevorzugen und damit ansprechen möchten. Jetzt müssen wir noch den Weg ebnen, damit unser Unterbewusstsein die Suggestion beziehungsweise das Ziel nicht ablehnt.

Wir haben uns zum eigenen Schutz während unseres gesamten Lebens einen Schutzmechanismus aufgebaut, der uns davor bewahren soll, manipuliert zu werden. Diese „Firewall" müssen wir für die Neuprogrammierung umgehen und hierfür gibt es folgende Möglichkeiten:

Autoritär

In den ersten Lebensjahren nehmen wir alles von unseren Eltern auf. Unser Unterbewusstsein hinterfragte diese Informationen nicht, da unsere Eltern unsere Vorbilder waren. Im Teenageralter ändert sich das aber und die Autorität der Eltern bröckelt. Weitere Autoritäten im Kindesalter sind unsere Lehrer und im Erwachsenenalter unsere Chefs und Ärzte. Wir hinterfragen deren Meinung oft nicht, sondern akzeptieren sie als Fakt. Daher kommt auch die sofortige Verknüpfung in unserem Unterbewusstsein.

Die autoritäre Methode ist bei einer therapeutischen Hypnosesitzung möglich, für eine Selbsthypnose allerdings ungeeignet.

Wiederholungen

Um Vokabeln zu lernen, benötigen wir ungefähr 17 Wiederholungen, bis diese fest sitzen. Dies gilt auch für andere Bereiche in unserem Leben. Wenn wir in unserer Kindheit immer wieder den Satz „Du bist aber ein Tollpatsch" gehört haben, dann haben wir das bis in das Erwachsenenleben gespeichert. Unser Unterbewusstsein hat es verinnerlicht und lebt es weiter aus.

Die Methode der Wiederholungen hat gerade bei der Selbsthypnose den großen Vorteil, dass ich nichts dafür benötige und immer wieder neu an mir arbeiten kann. Ich benötige keinen Termin beim Hypnotiseur, sondern kann sofort auf einen Suggestionsverlust reagieren.

Sehr zu empfehlen ist aus meiner Sicht die immer wieder sichtbare Wiederholung durch einen Anker. Das kann die Suggestion in Textform an Plätzen sein, die ich immer wieder besuche, beispielsweise der Kühlschrank, der Badezimmerspiegel oder die Eingangstür. Die Wiederholung kann aber auch sein, „wenn ich die Kühlschranktür öffne, erinnere ich mich daran, einen Apfel dem Schokopudding vorzuziehen". Das ist ebenfalls, wenn der Anker sitzt, eine Wiederholung für unser Unterbewusstsein.

Ablenkung

Fernsehspots sind oftmals interessant aufgebaut, ohne anfangs das Produkt zu verraten. Wir schauen interessiert zu und ganz beiläufig wird uns am Ende noch das Produkt untergeschoben. Wir nehmen es nicht bewusst wahr, da wir durch die tollen Bilder oder die interessante Geschichte abgelenkt sind. In der Werbung spricht man dabei vom Vampir-Effekt. Durch den Einsatz von Sex, Humor, Emotionen oder bekannten Persönlichkeiten entzieht man dem Betrachter die Aufmerksamkeit vom eigentlich beworbenen Produkt. George Clooney war das Nespresso Gesicht und das Gefühl, mit Clooney einen Espresso zu trinken, fühlt man noch in der eigenen Küche.

Diese Technik nutzen wir auch in der Hypnose. Der Klient fixiert einen Punkt und diese Konzentrationsphase nutzt der Hypnotiseur, um durch ein Überraschungsmoment das Unterbewusstsein zu erreichen.

Bewusstseinszustand

Wie ich im Kapitel zu unserem Bewusstseinszustand beschrie- ben habe, ist der direkte Zugriff auf unsere unterbewussten Ressourcen im Theta- und zum Teil auch im Alpha-Zustand möglich. In diesem Zustand ist es für uns einfacher, Suggestionen anzunehmen und die Ziele zu festigen. Basierend auf diesem Wissen sollten wir unsere Suggestionen aufbauen.

Die Suggestion muss dich persönlich betreffen, daher beginne mit ich oder mein:

> *„**Ich** kann jetzt ganz gelassen sein."*

Nutze die Gegenwartsform. Alles, was wir für die Zukunft planen, müssen wir nicht umsetzen.

> *„Ich kann mich **jetzt** fallen lassen."*

Formuliere antiautoritäre Sätze, unser Unterbewusstsein blockt bei Befehlen.

> *„Wenn **ich es möchte**, kann ich mich jetzt fallen lassen."*

Die Suggestion sollte positiv formuliert sein. Vermeide Negationen wie nicht, kein usw.

> *„Ich bin so glücklich, dass ich **Nichtraucher** bin."*

Nicht das Symptom steht im Vordergrund, sondern das Ziel.

Richtig: *„Ich genieße die frische Luft."*

Falsch: *„Ich rauche nicht mehr."*

MEIN PLAN FÜR DIE ZUKUNFT

Nachdem du jetzt den Weg in die Trance kennst und weißt, welche Probleme du angehen und wie du deine Ziele bearbeiten kannst, ist der letzte Schritt nur noch, es zu tun. Es ist völlig gleichgültig, für welche Methode du dich entscheidest. Wichtig ist, du musst sie üben.

Wiederholungen festigen die Informationen in unserem Unterbewusstsein, ebenso den Weg in die Trance. Du wirst merken, dass es mit jedem weiteren Versuch immer einfacher für dich wird, einen stabilen Trancezustand zu erreichen.

Nimm dir ausgiebig Zeit an einem ruhigen Ort und infor- miere deine Mitbewohner, dass du die nächsten 20 Minuten nicht gestört werden möchtest. Wenn du Musik dabei hören möchtest, entscheide dich für eine angenehm klingende Musik. Sie wird dir helfen, dein zentrales Nervensystem langsam runterzufahren.

Nach ca. zwei bis drei Wochen Übungszeit wird deine Trance stabil sein und du kannst beginnen, mit deinen Suggestionen zu arbeiten. Erstelle dir für deine Ziele eine möglichst spezifische und detaillierte Liste. Du musst wissen, woran du arbeiten möchtest. Schreibe dir dazu ein Skript von der Einleitung bis zur Ausleitung.

Du kannst dieses Skript während deiner Trance lesen oder vorab aufnehmen und ablaufen lassen. Sprich dabei langsam und sanft, so wie du es als angenehm empfindest. Es ist aber auch möglich, nur an die Suggestionen zu denken, auch dann finden sie den Weg in dein Unterbewusstsein.

All diejenigen, die sich schwertun, selbst den Weg in die Trance zu finden, können am Anfang die von mir gesprochene Hypnose nutzen. Man lernt den Zustand immer besser kennen und es fällt zukünftig leichter, sich alleine in den Zustand der Trance zu versetzen.

Die Hypnosen zu diesem Buch erhälst du als mp3-Download im Bonusbereich unter folgender Internetseite:

https://www.change-your-mind.academy/selbsthypnose-buch/

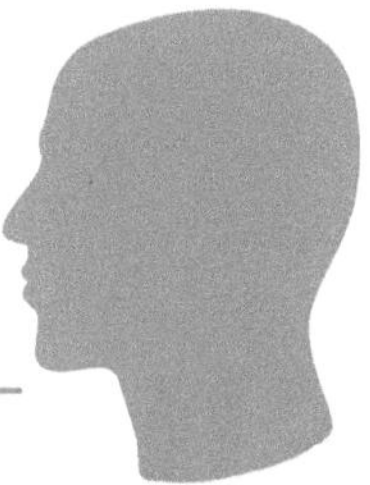

Wir sind nicht nur verantwortlich für das, was wir tun, sondern auch für das, was wir nicht tun.

Molière (1622-1673)

TEIL 2
MEINE ZIELE ERREICHEN

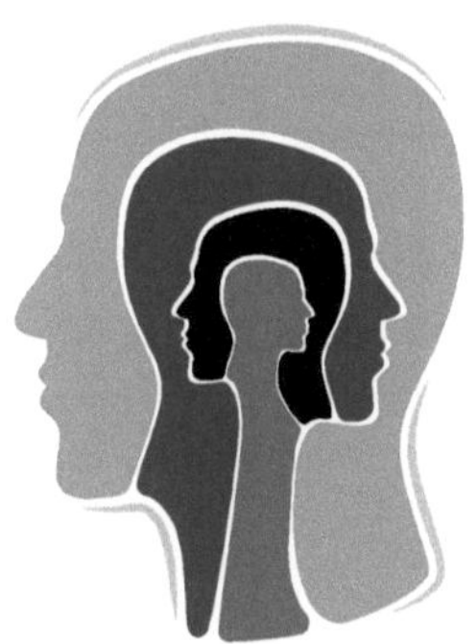

KAPITEL 7

DER WIRKUNGSTEIL

Bisher diente das Buch dem Verstehen und Lernen. Wie funktioniert Hypnose oder Selbsthypnose, in welchem Zustand befinden wir uns und wie kommen wir dorthin? Wie formuliert man ein Ziel, welche Hindernisse bzw. Blockaden kann es geben und wie erhöhe ich die Motivation, um meine Ziele zu erreichen? Zu guter Letzt ging es um die Technik der Suggestionen.

Du solltest jetzt so weit sein, den Prozess der Veränderungen anzustoßen. Ich möchte dir aber auch hier noch zur Seite stehen und dir in diesem Teil des Buches Beispiele aus den unterschiedlichsten Bereichen geben, um dir den Weg zu einem erfüllten und selbstbestimmten Leben so einfach wie möglich zu machen. Allerdings kommt auch irgendwann der notwendige Schritt von dir. Du musst sagen, jetzt geht es los, und du musst von alleine loslaufen, immer mit dem Ziel einer positiven Veränderung.

Da wir die unterschiedlichsten Themen für den Wirkungsteil einer Hypnose betrachten werden, kannst du jederzeit zum entsprechenden Kapitel wechseln und dir dort Impulse holen, die dir helfen sollen, dein Ziel zu erreichen.

Im ersten Teil des Buches haben wir in der Theorie betrachtet, dass folgende Schritte wichtig sind, und ich werde bei den verschiedenen Themen diese Vorgehensweise immer wieder neu aufgreifen.

- Symptom
- Ziel
- Motivation
- Blockaden
- Suggestionen

Natürlich ist es nicht möglich, die Punkte genau auf deine Bedürfnisse auszurichten, daher werde ich immer Möglichkeiten und Beispiele aufzeigen, mit denen du anschließend weiterarbeiten und deine eigenen Punkte finden kannst.

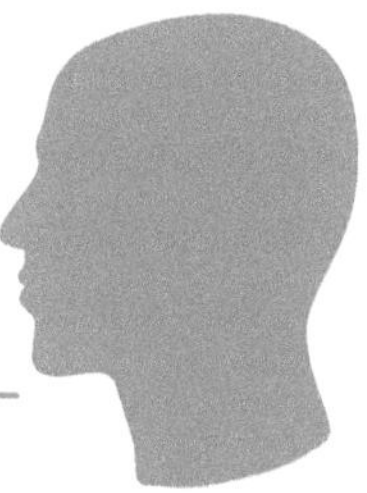

Weiter, höher, schneller –

im Sport ständige Motivation,

im Alltag Vorstufe zum Bournout.

Helmut Glaßl (*1950)

STRESSBEWÄLTIGUNG

Stress wird für viele Menschen zu einem immer größeren Problem, aber warum ist das so? Stress ist ursprünglich eine positive Reaktion auf unvorhergesehene Momente in unserem Leben. Kam der Säbelzahntiger um die Ecke, waren wir im Bruchteil einer Sekunde bereit für den Kampf oder die Flucht. Unser Stresshormon Adrenalin sorgt dafür, dass wir eine erhöhte Blutzufuhr zu unseren Muskeln und unserem Gehirn haben, und mehr Blut heißt mehr Sauerstoff und damit eine höhere Leistungsbereitschaft. Wir sind also in der Lage, Höchstleistungen zu erbringen, zu denen wir im Normalzustand nicht in der Lage wären.

Dass bei uns der Stress negativ besetzt ist, hat vor allem damit zu tun, dass wir zu häufig und zu viel Stress haben und uns die Zeit fehlt, die Momente nach dem Stress mit unseren Glückshormonen zu genießen.

„Wir haben es geschafft und sind dem Säbelzahntiger entkommen."

Stress ist aber nicht gleich Stress. In der Psychologie wird der Stress in positiv, den Eustress, und negativ, den Disstress, unterteilt. Das Problem dabei ist, der Übergang ist fließend. Ein positiver Stress kann aufgrund von zum Beispiel Zeitdruck oder einer technischen Überforderung sehr schnell in einen negativen Stress übergehen.

Merkmale von Eustress:

- Kurzfristige Anspannung
- Entspannungsphasen vorhanden
- Der Herausforderung gewachsen (körperlich, inhaltlich und zeitlich)
- Leistungsfähiger und stärker
- Glücklich und optimistisch

Merkmale von Disstress:

- Langfristige Überlastung
- Entspannungsphasen fehlen
- Überforderung (körperlich, inhaltlich und zeitlich)
- Blockiert, schwach und gereizt
- Erschöpft und pessimistisch

Vor allem die Überlastung und Überforderung am Arbeitsplatz sind oftmals der Auslöser für weitere Symptome und man glaubt, auch in allen anderen Lebensbereichen nur noch dem Stress ausgesetzt zu sein. Wenn es schon so weit ist, dann werden Termine der eigenen Kinder im Kindergarten, in der Schule oder beim Sport zu Pflichtveranstaltungen, ohne sie zu genießen. Wenn ich mich aber freue, mein Kind beim Theaterstück oder beim Wettkampf zu sehen, dann bauen wir Stress ab und nicht weiter auf.

Stress benötigt ein Ventil, um sich abbauen zu können, ansonsten werden Schlafstörungen, Unzufriedenheit und die Anfälligkeit für Krankheiten zunehmen. Im schlimmsten Fall steuert man direkt auf einen Burnout zu und wir sind nicht mehr in der Lage, den Stress abzubauen.

Um nicht in so eine Lage zu geraten, ist die Vorbeugung das Wichtigste. Da du dieses Buch und dieses Kapitel liest, gehe ich davon aus, du hast schon akzeptierst, Stress zu haben. Das ist bereits ein sehr wichtiger Schritt und wenn du akzeptierst, Stress zu haben, dann solltest du dir jetzt überlegen, wie du die Phasen dazwischen aktiv gestalten kannst, um den Stress abzubauen. Auf die Couch legen und stundenlang fernsehen hört sich zwar nach Stress abbauen an, ist es aber nicht wirklich. Unser Körper und Geist benötigen Herausforderungen, positive Herausforderungen!
Das kann das Lernen eines Musikinstrumentes sein, ein Hobby ausüben oder Sport machen, ein 30-minütiger Spaziergang ist aufgrund

der erhöhten Sauerstoffzufuhr auch schon ein sehr gutes Mittel. Wichtig dabei ist, nicht den Stress, zum Beispiel das Arbeitstelefon mitzunehmen und weiterzuarbeiten.

In diesem Buch geht es aber um Selbsthypnose und daher ist das auch mein präferierter Weg, um Stress abzubauen oder schon vorzubeugen. Ich nutze alle zwei Tage, in stressigeren Zeiten auch täglich, entweder meine kostenlose Hypnose

„Hypnoenergie" oder eine Selbsthypnose zum Runterkommen und Entspannen. Seitdem ich das mache, bin ich auch in Alltagssituationen viel entspannter. Wenn mir auf der Straße jemand die Vorfahrt nimmt oder meint, sich reindrängeln zu müssen, kann ich mit einem Lächeln reagieren und muss mich nicht rumärgern. Das ist ein positives Lebensgefühl, das ich nur jedem empfehlen kann, und das mit gerade mal 15-30 Minuten Einsatz pro Tag.

Außerdem kann man damit seine freie Zeit verlängern. Das hört sich beim Einsatz von Zeit zwar gegensätzlich an, aber ich fühle mich durch Hypnose nicht mehr so schlapp und kaputt nach der Arbeit und kann mit voller Power weitermachen. Für die meisten Menschen beginnt das Wochenende erst am Samstagmorgen, nachdem sie ausgeschlafen haben. Am Freitag sind sie nach einer harten Arbeitswoche viel zu müde. Als ich noch in meiner Festanstellung war, habe ich es mir zu Gewohnheit gemacht, am Freitag nach dem Job eine Hypnose zu machen. Ich war danach frisch, meine Gedanken rund um den Job gehörten der Vergangenheit an und der Start in die freie Zeit konnte mit voller Energie begonnen werden.

Wichtig ist meiner Meinung nach bei der Stressbewältigung, unbedingt mit Terminen zu arbeiten, als würde ich mir vornehmen, Sport zu treiben, man vergisst es schnell oder schiebt andere Dinge als wichtiger vor.

Das Ziel kann sein, den Stress zu vermeiden, dass ist sicher- lich nicht zu 100 % möglich. Man kann aber durch Vorsorge den aufkommenden Stress sicherlich schon vermeiden. Wenn man pünktlich losfährt, Aufgaben früh genug beginnt oder Dinge, die man (noch) nicht kann, klar kommuniziert und somit einer Überforderung zuvorkommt.

Wenn der Stresspegel zu hoch ist, sollte das Ziel sein, den Disstress in Eustress umzuwandeln oder gezielt Entspannungsphasen einzubauen.

Motivation

Mehr Zeit für sich und seine persönlichen Bedürfnisse haben

- Besser schlafen
- Ausgeglichener sein
- Keine Angst vor dem Versagen haben

Blockaden

- Keine Zeit zum Entspannen

Wenn ich gefühlt keine Zeit habe, ist es umso wichtiger, sich die Zeit zu nehmen und sie vor allem im Kalender schriftlich festzuhalten.

- Druck von außen

Wenn der Druck vom Arbeitgeber kommt, muss man sich die Frage stellen, ist man den Aufgaben gewachsen, kann ich das erfüllen, was von mir erwartet wird. Was kann/muss ich ändern, um nicht ständig überfordert zu sein?

- Druck von innen

Woher kommt die innere Überforderung? Kann ich mit einer Aufgabenliste die Vielzahl meiner Aufgaben in den Griff bekommen oder ist es möglich, einfache und schnell zu erledigende Dinge von der Liste zu bekommen, um wieder ruhig schlafen zu können?

- Zu hoher Anspruch an sich selbst

Reicht es auch, wenn ich die Aufgabe nur zu 80 % erledige? Kann die Aufgabe auch ein anderer für mich machen?

Suggestionen

Der Abbau von Stress und die Bekämpfung von gerade auftretenden Stressoren müssen unterschiedlich betrachtet werden.

Um den Herausforderungen des Alltags gewachsen zu sein, kann ich mit einer täglichen kurzen Selbsthypnose dem Stress entgegenwirken. Ich mache das mit meiner Hypnose „Hypnoenergie", die kannst auch du dir kostenlos herunterladen. Den Link bzw. QR-Code findest du am Ende des Buches.

Wenn du dir in deiner Selbsthypnose eine Suggestion geben möchtest, wären das beispielsweise:

- „Mit jedem Takt der Musik, mit jedem Atemzug fällt die Last immer mehr ab."
- „Mein Herz schlägt mit jedem Atemzug ruhiger und meine Muskeln entspannen sich immer mehr und mehr."
- „Ich spüre, wie das Blut durch meine Adern fließt bis zu meinen Fingerspitzen und zu meinen Zehen und mein Körper wird immer besser durchblutet. Mir wird langsam wärmer und wärmer."

Wenn ich jetzt diesen Zustand der Entspannung auch in Stresssituationen hervorholen möchte, dann benötige ich dafür einen Anker. Du kannst dafür einen oder auch mehrere Sinneskanäle verwenden.

Stresssituationen könnten sein, wenn du gerade ins Büro vom Chef gerufen wurdest, vor einem wichtigen Kundentermin stehst, ein Date mit deiner Traumfrau bzw. deinem Traummann hast oder vor einer sportlichen Herausforderung stehst.

- „Immer wenn ich diesen Duft rieche, fühle ich mich frisch erholt und voller Energie."

Dies ist ein posthypnotischer Anker, also ein Anker, den du jederzeit auch in Zukunft einsetzen kannst. Wichtig ist, dass der Anker schon in deinem Unterbewusstsein gefestigt ist. Das Beispiel oben spricht deine olfaktorische Wahrnehmung an, aber du kannst sehr einfach den Teil „diesen Duft riechen" durch deinen gewünschten Anker ersetzen:

- „das Bild sehen" (visuell)
  Dabei kannst du das Bild als Foto in deiner Geldbörse wirklich sehen oder du kannst es dir nur vorstellen.

- „die Musik hören" (auditiv)
  Da die richtige Musik sowieso etwas Entspannendes hat, kann man sie zum Stressabbau wunderbar nut- zen.

- „den Kaugummi schmecken" (gustatorisch)

- „an meinem rechten Ohr ziehen" (kinästhetisch)

Die Beispiele sollten reichen, um deine Fantasie anzuregen, den für dich passenden Anker zu finden.

Alternative

Eine weitere Methode, um den Stress umzuwandeln, ist die Ampelmethode. Man wandelt das Negative, bei einer Ampel das rote Signal, in etwas Positives, ich darf weiterfahren, Grün.

Für diese Methode benötigst du zwei starke Erinnerungen. Die erste steht für eine Situation, in der du zu viel Stress hattest und es dir nicht mehr gut ging. Die zweite Situation steht für das Positive. Suche dir dafür einen Moment der totalen Entspannung, das kann an deinem Lieblingsort oder ein persönlicher Erfolg sein. Du solltest in beiden Fällen die Emotionen möglichst intensiv spüren.

Jetzt nutze die Selbsthypnose, um diese Momente zu ankern. Du begibst dich nach deiner Lieblingsmethode in Trance, dann stellst du dir vor, du bist im Kino und auf der Leinwand läuft der Film mit deinem stressigen Moment. Du merkst richtig, wie du dich unwohl fühlst. Dann beginnst du, die Leinwand rot einzufärben, die Bilder rücken immer weiter in den Hintergrund und die Leinwand wird irgend- wann ganz rot.

Der zweite Film, der heute in deinem Kino läuft, ist die Situation an deinem Lieblingsort. Du spürst, wie du dich wohlfühlst, wie dein Körper positiv auf diesen Ort reagiert, und dann beginnst du, die Leinwand langsam grün einzufärben. Bis nichts mehr von dem Film zu sehen ist, sondern nur noch die Farbe Grün und dein dann verankertes gutes Gefühl bleiben präsent.

Diese Hypnose solltest du so oft wiederholen, bis du das Gefühl auch ohne Hypnose sofort spüren kannst. Wenn du zukünftig eine stressige Situation erlebst, gehe kurz in dich, stell dir die rote Ampel vor und jetzt schau so lange auf die Ampel, bis sie auf Grün umschlägt. Du wirst merken, wie dann dieses angenehme Gefühl durch deinen ganzen Körper fließt.

Wenn du dich schwertust bei der Vorstellung, kannst du dir auch eine Ampel mit einem roten und einem grünen Punkt oder einem Männchen auf deine Armbanduhr oder dein Smartphone machen und es reicht nur ein kurzer Blick, um diesen Anker auszulösen.

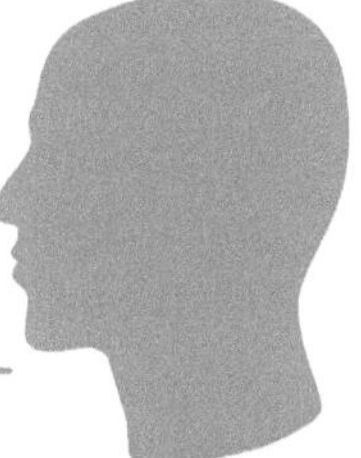

Selbstvertrauen ist das erste Geheimnis des Erfolges.

Ralph Waldo Emerson (1803-1882)

SELBSTVERTRAUEN STÄRKEN

Ich gratuliere dir, du hast dich gegen mehr als 300 Millionen anderer Spermien durchgesetzt. Du bist ein Gewinner!

So denken aber die wenigsten Menschen. Das mag zwar ganz angenehm sein, weil wir es eher als sympathisch empfinden, wenn jemand zurückhaltend ist, aber wir sind als Gewinner geboren. Woher kommt dann der Selbstzweifel? Er wurde uns mühsam anerzogen und im Erwachsenenstadium halten uns Freunde, Kollegen und Familie klein.

Wenn wir als Sieger auf die Welt kommen, lernen wir greifen, krabbeln, laufen und vieles mehr, außerdem haben wir jemanden, der auf uns aufpasst, der uns füttert und der mit uns kuschelt. Ich bin der KING oder auch die QUEEN ;-), bis zu dem Zeitpunkt, wenn mir erklärt wird, das kannst du nicht oder dafür bist du zu klein oder mach das nicht! Viele Kinder bekommen viel mehr „Nein" als „Ja" in ihren ersten Jahren zu hören, es ist ein negativer Prozess in der wichtigsten Zeit unseres Lebens. Dafür sorgen Eltern, Lehrer, die Verwandten und leider auch die Freunde. Immer wieder hören wir, was wir nicht können. Was wir können ist oftmals selbstverständlich, für ein Lob bleibt keine Zeit.

Unser Selbstvertrauen müssen wir uns selbst erarbeiten, indem wir uns über Erfolge freuen, sie feiern und genießen. Unter Erfolgen verstehe ich nicht das große Ganze, sondern die vielen kleinen Dinge, die wir können, schaffen und leisten. Je öfter wir unserem Unterbewusstsein signalisieren, das hast du gut gemacht, umso mehr trauen wir uns zu.

Nichts anderes ist Selbstvertrauen!

Was Selbstvertrauen nicht ist, ist der Vergleich mit anderen. Es geht dabei nicht darum, besser zu sein als ein anderer, sondern das Beste aus sich selbst herauszuholen. Mein Selbstvertrauen hole ich mir aus meinen eigenen Stärken und Fähigkeiten und nicht aus dem Vergleich.

Sportler mögen jetzt ein wenig überrascht sein, da es im Sport meistens um den Wettkampf geht und ein Wettkampf ist nun mal der Vergleich der Stärke. Wer sein Selbstvertrauen nur durch Siege aufbauen kann, wird es allerdings schwer haben, das nötige Selbstvertrauen zu bekommen, da es mit jedem Aufstieg einer Altersklasse oder einer Liga schwerere Gegner geben wird und man die auch erst wieder bezwingen muss, um Selbstvertrauen zu erlangen. Viel einfacher ist es, die eigenen Ziele zu erreichen.

Beim Berlin Marathon 2018 sind mehr als 40.000 Menschen gestartet und nach 02:01:39 ist der Kenianer Kipchoge als Erster durchs Ziel gelaufen. Waren die anderen 40.000 dann alles Verlierer? Natürlich nicht, viele werden ihre persönlichen Ziele erreicht haben und im Rahmen ihrer Möglichkeiten hatten sie sich sicherlich nicht den Sieg als Ziel gesetzt.

Das funktioniert nicht nur, wenn es um Zeit geht, ein Fußballer kann sich auch Selbstvertrauen holen, wenn er den Ball in einem Zweikampf gewinnt, der Handballer, wenn er seinen Teamkameraden am Kreis freispielt, oder ein Golfer, wenn er perfekt das Fairway trifft.

Um Selbstvertrauen aufzubauen, sollten wir nicht nur das große Ganze im Blick haben, sondern auch die kleinen Erfolge berücksichtigen. Wenn du Mama oder Papa bist, lobe dein Kind, wenn es den Suppenteller ohne zu kleckern an den Tisch bringt, und vor allem traue es ihm oder ihr zu.

Sollte es nicht klappen, lache darüber, schließlich hast du auch schon mal gekleckert.

Die Ziele beim Thema Selbstvertrauen können sehr vielfältig sein. Es könnte dir wichtig sein, auch mal Nein zu sagen oder selbstbewusst einen Vortrag in der Firma zu halten. Dich auf einen Job zu bewerben, von dem du immer glaubtest, das kannst du nicht, oder im Sport einen Gegner zu besiegen, vor dem du immer Angst hattest. Um wirklich am Ziel zu arbeiten, ist es wichtig, das Ziel genau zu kennen. Ich höre in meinen Coachings oder Seminaren immer wieder:

„Ich habe halt nicht so viel Selbstvertrauen, kann man da was machen?" Das ist viel zu unspezifisch, du musst wissen, wann kannst oder schaffst du etwas nicht, wann traust du es dir nicht zu. Erst wenn du dir darüber im Klaren bist, kannst du daran arbeiten. Das Ziel muss auch nicht groß sein, kleine Schritte bringen dich auch weiter. Wenn du das Ziel hast, in der Firma mehr wahrgenommen zu werden, dann klingt das gut, aber wie passiert das? Stell dir als Ziel, in jedem Meeting etwas beizutragen oder mit einer Idee direkt zum Chef zu gehen.

Motivation

- Beruflichen Aufstieg schaffen
- Mehr Geld verdienen
- Sportliche Ziele erreichen
- Eigene Entscheidungen treffen
- Unabhängiger werden

Blockaden

- Mögen mich die anderen noch, wenn ich Nein sage?
- Abhängigkeiten von anderen
- Ängste

Suggestionen

Neben den Suggestionen empfehle ich, auch auf die Körperhaltung und einen aufrechten und schnellen Gang zu achten. Dein Körper muss fühlen und spüren, wie sich Selbstvertrauen anfühlt.

Sehr allgemein gehalten und eher als Mantra können die Suggestionen in der Selbsthypnose wie folgt aussehen:

- Ich bin selbstbewusst und stark wie ein Löwe, mich kann nichts aufhalten.
- Ich bin stark und stehe mit beiden Beinen fest im Leben.

Das Ziel vor Augen, sollten sie aber spezifischer werden:

- Ich werde bei jedem Meeting mindestens einen Beitrag leisten.
- Ich fühle mich so stark, dass ich vor der gesamten Abteilung einen Vortrag halten werde.
- Ich werde mich bei meinem nächsten Wettkampf am xxx um xxx verbessern.
- Ich werde am xxx gegen xxx gewinnen.

Du kannst dir für jedes noch so kleine Ziel immer wieder neue Suggestionen einfallen lassen und mit dem Umsetzen und dem daraus erzielenden Erfolg wirst du auch wieder zum Gewinner. Du warst es schließlich schon mal und dein Unterbewusstsein weiß das und das muss wieder geweckt werden.

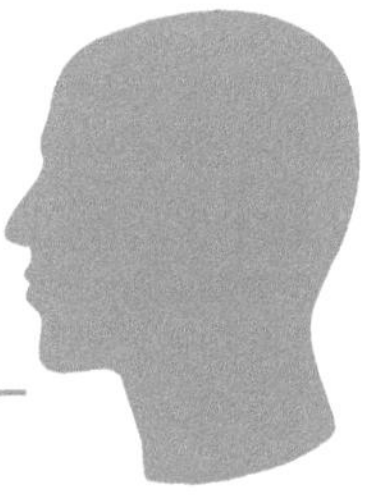

Nicht die Sucht bekämpfen,

sondern die Alternative leben!

Ute Lauterbach (*1955)

NICHTRAUCHER WERDEN

Eine der häufigsten Fragen, die mir im Zusammenhang mit Hypnose gestellt wird, ist die Frage, ob man mit Hypnose mit dem Rauchen aufhören kann. Wer den ersten Teil des Buches gelesen hat, wird mittlerweile verstanden haben, dass man durch die Hypnose nicht aufhört zu rauchen. Die Hypnose ist ein Werkzeug, um die eigenen Wünsche umzu- setzen. Man muss es selbst wollen!

Wenn ein Raucher von seinem Partner eine Nichtraucherhypnose geschenkt bekommt, wird es leider nicht funktionieren, außer es ist sein sehnlichster Wunsch aufzuhören. In dem Fall habe ich eine gute Nachricht, Hypnose ist eine sehr gute Wahl, um die ungewollten unbewussten Programmierungen zu verändern, und Gründe für die Verhaltensveränderung gibt es sehr viele, die wir unter dem Punkt Motiva- tion genauer betrachten werden.

Auch wenn das Symptom und das Ziel offensichtlich ist, möchte ich, dass du dich ein wenig damit auseinandersetzt und folgende Fragen, am besten schriftlich, für dich beant- wortest:

1. Wann hast du mit dem Rauchen begonnen?
2. Wie viele Zigaretten am Tag rauchst du?
3. Zu welcher Tageszeit rauchst du?
4. Gibt es feste Rituale? (z. B. direkt nach dem Aufste- hen oder sobald du ins Auto steigst ...)
5. Hast du schon versucht aufzuhören und warum hat es nicht funktioniert?

Jetzt errechne dir anhand deiner täglichen Zigaretten und der jeweils verbrauchten Zeit, wie lange du täglich rauchst.

Beispiel:

20 Zigaretten täglich mal sechs Minuten pro Zigarette ergibt zwei Stunden pro Tag.

Wenn wir bei dem Beispiel bleiben, rauchst du also täglich zwei Stunden und somit 22 Stunden am Tag nicht. Du bist demzufolge nur zwei Stunden am Tag Raucher und 22 Stunden bist du Nichtraucher! Merkst du etwas? Wenn du bewusst darüber nachdenkst, bist du nicht einmal 10 % deiner Zeit Raucher und selbst wenn du drei Schachteln pro Tag rauchen würdest, bist du immer noch deutlich länger Nichtraucher als Raucher. Somit kann es doch gar nicht so schwer für dich sein, 100 % Nichtraucher zu werden. Dein Ziel ist also gar nicht mehr so groß und die letzten paar Prozent auf dem Weg zum Nichtraucher kannst du mithilfe deiner eigenen Motivation und der passenden Suggestion auch noch schaffen.

Motivation

- Gesünder leben! Statistiken belegen, dass in Deutschland mehr Menschen durch Rauchen sterben, als durch Verkehrsunfälle, Drogen, Alkohol, Suizid und HIV zusammen.
- Geld – Die Schachtel Zigaretten soll bald über 20,00 € kosten.
- Partner – Wer möchte schon einen Aschenbecher küssen?
- Reinere Haut
- Schönere Zähne
- Mehr Ausdauer und nicht nach drei Stufen schon außer Atem sein.
- Den Kindern ein Vorbild sein

Blockaden

- Gesellschaft – Als Raucher gehört man zur Gruppe der Raucher, man geht gemeinsam zum Rauchen vor die Tür, wenn man aufhört zu rauchen, dann gehört man nicht mehr zu der Gruppe. Dies ist ein sehr wichtiges Thema, mit dem man sich unbedingt beschäftigen sollte und dies auch akzeptieren muss.
- Liebgewonnene Rituale
- Verlangen nach Nikotin – Das sollte kein allzu großes Problem sein, da Nikotin keine körperlichen Entzugserscheinungen verursacht, sondern eine lästige Gewohnheit.
- Angst vor Gewichtszunahme

Suggestionen

Bevor du mit den hypnotischen Suggestionen beginnst, schreibe dir auf, was sich alles in der Zukunft für dich positiv verändert. Je klarer der Grund für die Verhaltensänderung, umso einfacher wird das Erreichen deines Ziels sein.

Die Suggestionen sollten wie immer möglichst spezifisch sein und zu deinem Verhalten passen. Einige Beispiele für deine Orientierung habe ich wieder für dich:

- Immer wenn ich ein Verlangen nach Nikotin spüre, schließe ich die Augen, atme dreimal ganz tief durch die Nase ein und durch den Mund wieder aus. Ich spüre und genieße die frische Luft und wie sie meine Lunge füllt und reinigt.
- Immer wenn ich die Lust auf eine Zigarette verspüre, ziehe ich an meinem kleinen Finger (an meinem Ohrläppchen) und spüre, wie das Verlangen immer weni- ger und weniger wird.
- ..., schließe ich die Augen und stell mir mein Ziel in den buntesten Farben vor
- ..., esse ich eine Karotte (einen Apfel, einen Kaugummi) und ich merke, wie das Verlangen immer weniger und weniger wird.

- ..., rieche ich an meinem Duftfläschchen und genieße den Duft des Waldes.

Ein kleiner Tipp für die Angst vor der Gewichtszunahme. Nikotin zügelt zum einen den Appetit, zum anderen werden beim Rauchen auch noch Kalorien verbraucht. Sicherlich sind das im ersten Moment keine guten Aussichten, aber wenn man dem bewusst entgegentritt, lebt man nicht nur rauchfrei, sondern kann gleichzeitig etwas für seine Fitness tun. Eine Schachtel Zigaretten am Tag verbraucht ungefähr die Energie von 30 Minuten Sparzierengehen. Meine Empfehlung, gehe diese 30 Minuten täglich, dies wird dich nicht nur fitter machen, sondern vor allem hilft es dir in schwachen Momenten, am Ziel festzuhalten.

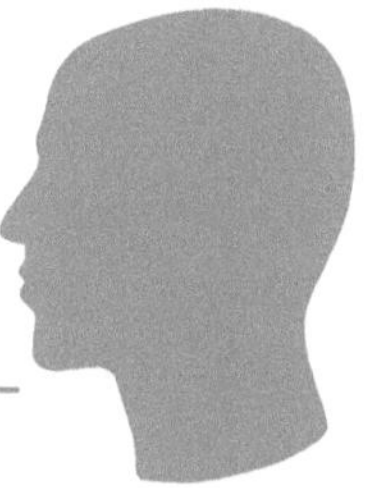

An unseren Gedanken leiden wir mehr als an den Tatsachen.

Lucius Annaeus Seneca (1-65 n. Chr.)

ÄNGSTE UND PHOBIEN

Psychologen schätzen, dass mittlerweile jeder 5. Deutsche eine oder mehrere Phobien hat. Auch die Anzahl der unterschiedlichen Phobien nimmt jährlich zu, so existieren bereits ca. 700 wissenschaftlich anerkannte Phobien. Meine Lieblingsphobie ist die Anatidephobie – die Angst, von einer Ente beobachtet zu werden. Das hört sich für einen Nichtbetroffenen sehr lustig an, aber derjenige, den es betrifft, der leidet darunter.

Die wahrscheinlich bekannteste Phobie ist die Arachnophobie, die Angst vor Spinnen. Aber auch andere Tiere wie Mäuse, Ratten, Insekten oder auch Hunde und Katzen lassen bei den Betroffenen den Atem stocken und das Herz rasen. Aber woher kommt das und warum haben wir vor etwas Angst, obwohl die Angst eigentlich das kleine Tier haben müsste.

Ängste waren schon zu Urzeiten unsere Begleiter und halfen uns zu überleben. Wenn unsere Vorfahren ein Rascheln im Gebüsch gehört haben, gab es drei Möglichkeiten. Die Flucht, den Kampf oder sich tot stellen, ignorieren gehörte nicht zur Auswahl, schließlich war klar, da könnte ein Säbelzahntiger im Gebüsch sitzen und angreifen. Wer also das Rascheln ignoriert hat, der hat wahrscheinlich in neun von zehn Fällen recht gehabt und es war nur ein prähistorisches Eichhörnchen im Busch. Im 10. Fall wäre er aber aufgrund seiner Unvorsichtigkeit eine Mahlzeit des Säbelzahntigers geworden. Solche Menschen konnten sich nicht fortpflanzen und sind somit ausgestorben. Alle anderen schütten bei Gefahr Adrenalin aus und sind bereit für den Kampf, die Flucht oder das Einfrieren (sich tot stellen). Angst ist also etwas Gutes, es schützt uns vor unvorsichtigen Handlungen.

Zum Problem wird es, wenn wir die Ängste nicht mehr selbst kontrollieren können. Dann sprechen die Psychologen von Phobien. Das ist nicht nur auf Tiere beschränkt, sondern kann auch die Angst vor engen Räumen, vor Menschenmassen, vor Pflanzen oder der Höhe sein. Die Liste könnte man seitenweise fortsetzen und auch wenn das Buch der Selbsthilfe dient, nicht jedes Problem sollte man alleine angehen. Je stärker die Auswirkungen in Form von Panikattacken oder vielleicht sogar Bewusstlosigkeit sind, umso wichtiger ist es, sich therapeutische Unterstützung zu holen.

Die Tipps in dem Buch sollen helfen, leichte Ängste wieder loszuwerden oder gar nicht erst aufkommen zu lassen. Wie wichtig es ist, sich dem Problem zu stellen, zeigen die zahlreichen Unfälle aufgrund des Erschreckens vor einer kleinen Spinne. Jeder, der vor einer Spinne Angst hat, ist im Falle einer Spinnenbegegnung im Auto eine Gefahr für die Allgemeinheit. Wenn man davon betroffen ist, sollte man sich gut überlegen, ob man die Arachnophobie bewusst bekämpft und besiegt oder bei einer Kurzschlussreaktion im Auto andere Menschen gefährdet.

Psychologen der Universitätsklinik Jena haben herausgefunden, dass die Reaktionszeit vom Anblick eines Spinnenbild bis zur darauffolgenden Gehirnaktivität gerade mal 100 Millisekunden beträgt. Diese Prozesse und die darauffolgenden Reaktionen laufen also komplett unbewusst ab und den Betroffenen ist es nicht möglich, bewusst zu reagieren. Sie reagieren mit Emotionen und automatischen Prozessen und in einem Auto ist nun mal keine Flucht möglich.

Etwas anders stellt es sich dar, wenn man Angst vor dem Fliegen, vor Menschenmassen oder Ähnlichem hat. Da vermeidet man die entsprechenden Situationen und gefährdet damit auch niemanden. Aber möchte man sich wirklich durch Ängste steuern lassen und auf Dinge verzichten, die Spaß machen? Meine persönliche Antwort wäre Nein, ich möchte nicht der Sklave meiner Ängste sein und daher würde ich dagegen etwas unternehmen.

Die am meisten genutzte Methode, um die Phobien zu besie- gen, ist in der Psychologie die kognitive Verhaltenstherapie. Dabei werden die Betroffenen mit genau der angstmachenden Situation konfrontiert. Man nimmt also eine Spinne in die Hand, läuft neben Hunden oder geht eine offene Treppe nach oben. Dabei heißt es, über den eigenen Schatten zu springen und durch eine positive Erfahrung die Ängste abzubauen.

Ich bevorzuge die Hypnose und nur zur Überprüfung der verlorenen Angst die Konfrontation und es ist spannend, wenn ein Klient zuerst zögert und dann selbst feststellt, dass die Angst nicht mehr da ist.

In meiner Show „Gehirnwäsche" habe ich 2017 eine Nummer gezeigt, die ich „Spaß mit Spinnen" nannte und wo alle Gäste zum Mitmachen eingeladen waren. In meinen einführenden Worten über Phobien zeigte ich eine große präparierte Vogelspinne und fragte, was die Gäste auf einer Skala von 1 bis 10 fühlten, wobei 1 sehr gut bedeutete und 10 schrecklich. Als Antwort kam von den Gästen mit Arachnophobie häufig 12, 15 oder sogar 50 und niemals würden sie dieses Tier berühren.

Wir unternahmen daraufhin eine Traumreise, in der die Spinnen im Traum auf einer Bühne „Riverdance" steppten, unheimlich lustig waren und ganz viel Spaß hatten. Im Anschluss haben bis auf ganz wenige Ausnahmen alle die

Spinne berührt und sind ganz entspannt der Spinne umgegangen, die vorher nicht mal in ihre Nähe durfte.

Ich habe also, wie schon mehrfach in diesem Buch beschrieben, nur die Sicht auf die Dinge verändert, unser Mindset. Dadurch entsteht eine neue Situation, auf die man sich einlassen kann, wenn man bereit dazu ist. Hier ist die Konfrontation auch ganz wichtig, ansonsten weiß unser Unterbewusstsein nicht, ob es geholfen hat oder die Angst noch da ist. Wer also eine Hypnose gegen Flugangst macht und danach nicht fliegt, wird nicht erfahren, ob sich seine Einstellung geändert hat.

Die einzelnen Bereiche werde ich aufgrund der Vielzahl der Phobien mit ein paar Beispielen betrachten. Die Angst vor dem Fliegen und die Angst, vor anderen zu sprechen, werde ich im Anschluss noch intensiver analysieren, da dies aus meiner Sicht die häufigsten Probleme sind.

Symptome

- Atemnot
- Herzrasen
- Aufsteigende Hitze, gefolgt von heftigem Schwitzen
- Bauchschmerzen bis zur Übelkeit
- Ohnmacht
- Schwindelgefühle
- Angst, sterben zu müssen

Nicht alle Ängste führen unbedingt zu plötzlichen Symptomen. Die Angst vor einer Prüfung, vor Krankheiten oder einem Jobverlust belastet uns und unseren Organismus langfristig. Diese Symptome halten oft Tage oder Wochen und sollten unbedingt beachtet werden, da sie uns innerlich kaputt machen.

Langfristige Symptome

- Schlafstörungen
- Leicht reizbar
- Konzentrationsprobleme
- Schnelle Ermüdung

Ziele

Das Ziel sollte ganz allgemein ein entspannteres Leben und frei von Ängsten sein. Aber jetzt ist es wichtig, dass du dein Ziel möglichst spezifisch formulierst. Das SMART-Prinzip kann dir dabei helfen, ist allerdings bei Sofortmaßnahmen nicht ganz so entscheidend wie bei langfristigen Zielen. Du möchtest ja vermutlich nicht irgendwann die Angst verlieren, sondern am besten sofort.

Angst vor Hunden

Ich möchte ab sofort ganz entspannt durch den Park gehen, die frische Luft genießen und Hunde beim Spielen beobachten.

Höhenangst

Ich möchte ab sofort ganz entspannt den Kirchturm besuchen und die tolle Aussicht von oben genießen. Oder ... einen Rundflug mit dem Helikopter über meine Heimat machen.

Angst vor Krankheiten

Das Leben ist so schön, ich möchte es genießen, innerlich frei zu sein und andere Leute zu treffen. Ich möchte mich mit neuen Dingen in meinem Leben beschäftigen und jede Minute und jeden Atemzug diese Freiheit genießen.

Motivation

- Ich traue mich wieder aus dem Haus
- Ich muss weniger Medikamente nehmen
- Ich kann wieder unter Menschen gehen
- Ich kann wieder besser schlafen, bin fitter

Auch wenn ich mich wiederhole, die Ängste und Phobien hinter sich zu lassen wird einfacher, je mehr du dich damit beschäftigst. Sammle möglichst viele Punkte, um die Motivation für die Umsetzung zu erhöhen.

Blockaden

Nachdem das Verlieren von Ängsten etwas absolut Positives ist, sollte es keine Blockaden geben, bis auf die Angst vor der Angst. Wenn deine Angst im Moment zu stark ist oder du zu lange gewartet hast und sie sich immer weiter gesteigert hat, dann suche dir möglichst jetzt einen Psychologen oder einen Hypnose-Therapeuten.

Suggestionen

Mit passenden Suggestionen könnte man ein ganzes Buch füllen. Meine Beispiele sollen dir verdeutlichen, wie deine Suggestion aussehen könnte, die wirklich zu dir passende solltest du dir selbst gut überlegen.

Angst vor Spinnen, Insekten, kleinen Tieren

Immer wenn ich eine Spinne sehe, stelle ich mir vor, wie sie lustig vor mir tanzt und aufgrund ihrer vielen Beine immer wieder aus dem Takt gerät und hinfällt.

Immer wenn ich XY sehe, sehe ich, wie das Gesicht wie ein Clown geschminkt ist und dass XY die lustigsten Grimassen macht. XY ist ein lustiges Tier, das viel Spaß am Leben hat.

Angst vor der Höhe

Mit jeder Stufe, die ich höher steige, werde ich gelassener und freier. Ich genieße die Höhe und entspanne immer mehr und mehr.

Angst vor Hunden

Immer wenn ich einem Hund begegne, presse ich meinen Daumen und Zeigefinger der linken Hand fest zusammen, bis ich immer entspannter und entspannter werde. Hunde sind liebe Tiere, die wollen nur spielen.

In der Suggestion habe ich einen Anker verarbeitet, den man auch bei anderen Ängsten sehr gut einsetzen kann, um aufkommender Angst sofort positiv zu begegnen.

Zum Abschluss möchte ich noch ein paar Worte zur Herkunft von Ängsten schreiben. Ein Teil unserer Ängste ist schon in unserer DNA und, wie zu Beginn des Kapitels geschrieben, ist das auch gut so. Eine gewisse Angst zu haben heißt auch, vorsichtig zu sein und mit einem gewissen Respekt und Skepsis an die vermeintliche Gefahrensituation heran- zutreten. Allerdings sind auch viele Ängste anerzogen, wenn Mama oder Papa Angst vor Mäusen und Ratten hat, hat das meistens auch ihr Kind. Wir schauen uns von unseren Eltern ab, wie das Leben funktioniert, und daher ist es wichtig, den Kindern Gefahren aufzuzeigen, aber ihnen gleichzeitig etwas zuzutrauen. Eine Spinne muss man nicht laut schreiend mit dem Pantoffel erschlagen, man kann sie einfach auch auf die Hand krabbeln lassen und dann vor die Tür setzen. Liebe Eltern denkt daran, ihr seid das Vorbild!

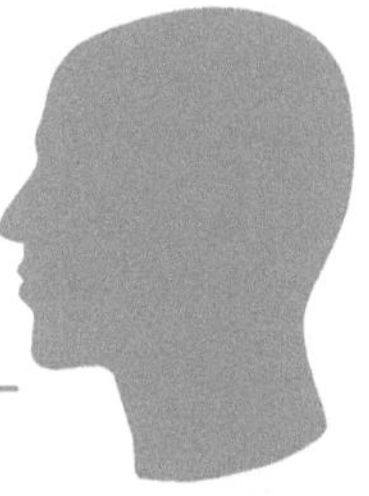

Das einzig Gefährliche

am Fliegen ist die Erde.

Wilbur Wright (1867-1912)

FLUGANGST

Da sehr viele Menschen Angst vor dem Fliegen haben, möchte ich das Problem eingehender betrachten. Die meisten Betroffenen wissen oftmals, dass Autofahren statistisch gesehen gefährlicher ist als Fliegen, und trotzdem setzen sie sich täglich ins Auto und meiden das Flugzeug. Es ist also eine irrationale, eine unbegründete Angst.

Wenn wir in meinen Seminaren die Symptome erörtern, fällt auf, dass Flugangst nicht gleich Flugangst ist. Die Betroffenen haben häufig völlig unterschiedliche Merkmale und Auswirkungen. Bei einigen fängt die Angst schon Tage zuvor an, sie können nicht mehr richtig schlafen und denken nur noch an den Tag x, wenn sie in den Flieger müssen. Andere beginnen erst am Tag des Abfluges nervös zu werden beziehungsweise wenn sie den Flughafen betreten. Als Letztes gibt es noch die, bei denen die Ängste erst vor dem Flieger oder im Flieger entstehen, sodass sie nur noch flüchten möchten.

Wenn du unter Aviophobie leidest, ist eine wichtige Information: Wann treten deine Beschwerden auf und wann sind sie am höchsten Punkt angekommen? Erst wenn du das weißt, kannst du deine Suggestionen darauf ausrichten.

Dein Ziel, die Flugangst zu besiegen, kann der Wunsch nach einem Job sein, der die Mobilität erforderlich macht. Es kann aber ebenso der Wunsch nach Freiheit sein, um sich die Welt anzuschauen. Hier kommen wir wieder zu dem Punkt: Die Motivation muss stimmen, dann erreichen wir auch unser Ziel. Notiere dir daher so viele Wünsche und Ziele, die du mit dem Fliegen verbindest. Mach die Sehnsucht so groß wie möglich und du wirst spüren, es wird immer einfacher, die Angst loszulassen.

Motivation

- Ich möchte die Welt sehen
- Ich möchte meinen Kindern die Welt zeigen
- Ich möchte weniger Zeit im Auto verbringen (keine zwölf Stunden Autofahrt zum Urlaubsziel)
- Ich möchte den neuen Job (wofür ich fliegen muss)
- Ich möchte die Welt von oben sehen

Blockaden

- Daheim ist es so schön, ich möchte gar nicht weg
- Mein jetziger Job ist auch gut

Die Blockaden bei der Flugangst sind sehr häufig ausreden, um sich der Angst nicht stellen zu müssen.

Suggestionen

Hier auf jeden Fall auf den Zeitpunkt des Auftretens der Symptome achten! An den Tagen zuvor empfehle ich Entspannungshypnosen, entweder mit Selbsthypnose oder auch die kostenlose „Hypnoenergie" nutzen. Dabei geht es vor allem darum, entspannter zu werden und den Stress durch den bevorstehenden Flug abzubauen.

Beim Betreten des Flughafens

Wenn ich meinen Koffer abgebe, fühle ich mich leicht wie ein Vogel.

Wenn ich durch die Flughafentür gehe, spüre ich diese positive Energie, die mich am Ziel erwartet.

Wenn ich den Flughafen betrete, atme ich tief ein (gerne auch mit einem Duft verankert) und spüre, wie die Leichtigkeit einsetzt.

Im Wartebereich

Ich genieße es, an mein Ziel zu gelangen.

Wenn ich an meinem Ohrläppchen ziehe, entspanne ich mehr und mehr.

Im Flugzeug

Sobald ich mein Nackenkissen spüre, kommen meine innere Ruhe und Gelassenheit.

Wenn ich meine Hände in den Schoß lege, spüre ich, wie entspannt ich bin und ich mich auf mein Ziel freue.

Noch ein Tipp für deinen nächsten Flug: Auch wenn du dich gut vorbereitet hast, ist vielleicht noch eine kleine Unsicherheit vorhanden, die am Flughafen dafür sorgen kann, dass du mit einer Hormonausschüttung noch einmal in eine Kampf- oder Fluchtsituation gerätst. Gerade die Wartezeit vor dem Einsteigen ist da nicht besonders hilfreich. Setz dich aber nicht hin, sondern gehe in der Zeit sparzieren. Beim Sparzierengehen wird dein Gehirn mit mehr Sauerstoff versorgt und deine Hormonausschüttung abgebaut. Eine weitere Möglichkeit ist, eine Hypnose zu hören, um entspannt zu bleiben oder zu werden. Nutze dabei am besten eine Audiohypnose, die du schon öfters gehört hast, damit die vertrauten Klänge oder die Stimme gleich dafür sorgen, dass du entspannst und loslässt. Die Hypnose kannst du auch sofort nach dem Einsteigen nutzen. Am besten dem Bordpersonal Bescheid sagen, dass du dich unwohl fühlst und gleich eine Hypnose durchführen möchtest. Dann werden sie dich in Ruhe lassen, wenn es um das Abstellen von elektronischen Geräten geht, und du startest in den Flug, ohne es bewusst zu erleben.

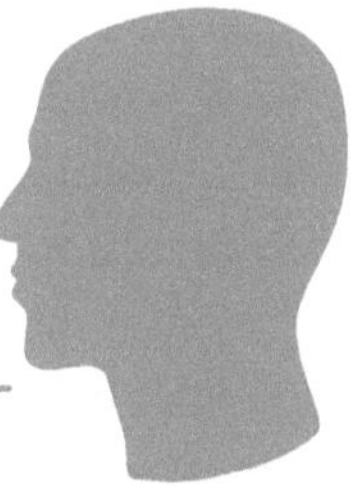

Wer nie einen Fehler beging,

hat nie etwas Neues ausprobiert.

Albert Einstein (1879-1955)

LAMPENFIEBER/PRÜFUNGSANGST

Die Nervosität oder auch innerliche Unruhe vor einem Auftritt, einer Rede oder vor Prüfungen ist sicherlich unangenehm. Solange aber keine Panikattacken auftreten, handelt es sich um einen völlig normalen Prozess in unserem Organismus.

Ein kurzer Rückblick auf das Kapitel 2 – Wer wir sind. Seit Urzeiten schütten wir bei Gefahr Adrenalin aus und reagieren mit Kampf, Flucht oder sich tot stellen. Eine Prüfungssituation ist die abgeschwächte Form eines Säbelzahntigers. Die Prüfung oder die Zuhörer bei einer Rede werden einen zwar nicht fressen, aber man könnte ja versagen und danach schlecht dastehen. Genau das ist die Angst, die es nicht zu besiegen gilt, sondern mit der man arbeiten muss. Die Hormonausschüttung war schon damals gut, um hoch konzentriert zu reagieren, und das hilft uns auch heute noch, um leistungsfähig zu sein.

Dieses flaue Gefühl im Magen, der erhöhte Pulsschlag und die kalten Hände zeigen uns, wir sind jetzt in höchster Alarmbereitschaft! Darauf reagiert der Körper mit einer starken Versorgung unseres Gehirns mit Sauerstoff und Glucose. Allen gerade nicht benötigten Teilen unseres Körpers wird in dieser Zeit die Energie vorenthalten. Wir müssen uns konzentrieren und abliefern. Klingt gut, fühlt sich aber nicht gut an.

Solange du also keine Panikattacken hast oder ohnmächtig wirst, ist die Reaktion auf die Stresssituation Prüfung oder Bühne vollkommen normal. Allerdings ist es deutlich angenehmer, wenn man lernt damit umzugehen und seine persönlichen Auswege kennt.

Bevor wir gleich die immer wiederkehrenden Schritte betrachten, möchte ich dir meine Geschichte dazu erzählen. Natürlich habe ich, wie wahrscheinlich die meisten, eine Grundnervosität. Mit meinen Shows oder Vorträgen habe ich kein wirkliches Problem, die Situation kenne ich und habe sie schon sehr häufig erlebt, aber es gibt auch Tage, wo ich nervös bin. Das kann sein, wenn der Auftrittsort ein besonderer ist oder jemand im Publikum sitzt, der für mich wichtig ist, oder aber es ist eine komplett neue Situation vor einem Radiomikrofon oder vor der Kamera. Dann weiß mein Gehirn auch nicht, was da gerade im Gebüsch raschelt, und reagiert entsprechend heftiger, als ich es normal gewöhnt bin.

Da ich schon seit den 1990er Jahren auf der Bühne stehe, habe ich Rituale, heute würde ich Anker sagen, die mir helfen, mich in den besten Zustand zu versetzen. In meiner Anfangszeit war mein Glaubenssatz „Nervosität ist kein Problem und nach dem ersten Satz ist diese auch verschwunden". Der Anker ist gar nicht so schlecht und es war bei mir immer so, nach dem ersten Satz war alles gut. Zu einem Problem wurde nur, dass ich von Haus aus eine sehr hohe Sprechgeschwindigkeit habe, und der erste Satz war dann noch schneller und hörte sich ungefähr so an:

N wndschn Abn, fre mi da si hr snd ...

Das war eine Sprache, die keiner verstand und die natürlich nicht sehr hilfreich war, um eine Verbindung zu meinem Publikum aufzubauen. Ich musste also meinen Glaubenssatz verändern und es schaffen, die Nervosität vor der Bühne abzulegen. Zu dieser Zeit war mir die Hypnose noch fremd und ich musste mit meinem gesunden Menschenverstand arbeiten. Heute weiß ich, ich habe nichts anderes getan, als ich heute mit Hypnose machen würde. Ich habe das Symptom erkannt – Nervosität auf der Bühne und dadurch zu hohe Sprechgeschwindigkeit bei meinem ersten Satz – ich kannte das Ziel – Nervosität vor dem ersten Satz ablegen – und meine Motivation war – ich möchte sicher wirken und mein Publikum von Beginn an erreichen.

Mein neuer Glaubenssatz wurde dann:

Sobald ich meine Schuhe binde, freue ich mich auf meinen Vortrag/ meine Show und ich bin entspannt und konzentriert.

Die Suggestion fand damit in der Garderobe statt und ich konnte auf diese Weise meine Nervosität von der Bühne holen.

An dem Beispiel kannst du gut sehen, wie einfach die Lösung sein kann. Mit weiteren Beispielen möchte ich dir helfen, dass du deine Lösung findest, und du wirst merken, dass es keinen großen Unterschied macht, ob man Lampenfieber auf der Bühne oder Angst vor einer Prüfung hat, die Lösungswege sind sehr ähnlich.

Symptom

- Unsicheres Auftreten
- Zu schnelles Sprechen
- Stottern
- Schwitzen
- Rote Flecken
- Zittern
- Blackout (Wissen und Text ist weg)
- Fehlende Konzentration, weil man nur mit den eige- nen Problemen beschäftigt ist

Ziele

- Ich möchte sicher und konzentriert auftreten und wirken
- Ich möchte mein erlerntes Wissen in der Prüfung abrufen

Motivation

- Prüfung bestehen
- Höhere Anerkennung
- Erfolg

Blockaden

- Alle sagen, ich kann das nicht
- Ich möchte nicht vor anderen sprechen

Suggestionen

- Sobald ich die Bühne betrete (mein Sakko und meine Schuhe anziehe), atme ich tief ein und die Entspannung breitet sich in mir aus und ich bin vollkommen konzentriert.
- Mein Fachwissen steht mir, sobald ich die Prüfungfragen in den Händen halte (meinen Füller in die Hand nehme), voll zur Verfügung.
- Ich freue mich auf jede Frage.
- Jede Minute, in der ich mich vorbereitet habe, gibt mir noch mehr Sicherheit und Vertrauen.
- Mit Mut und Vorfreude sehe ich dem Vortrag/der Prüfung entgegen.

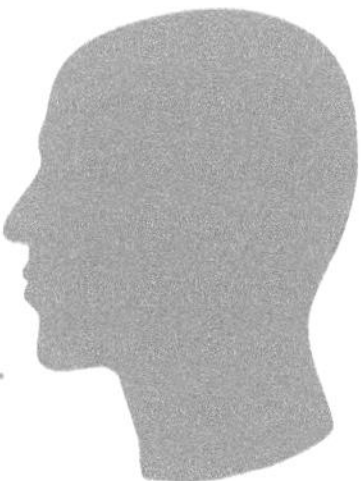

Niemand kann dich befreien,

wenn du dich nicht befreist.

Manfred Hinrich (1926-2015)

GEWICHTSREDUZIERUNG

Eine weitere sehr häufige Frage nach meinen Shows lautet: Kann ich mit Hypnose abnehmen? Auch hier ist, wie schon bei den Rauchern, die Antwort Nein. Körpergewicht verliert man durch eine bessere Ernährung und mehr Bewegung. Die Hypnose kann als Werkzeug dienen, deine Einstellung zu ändern, und somit helfen, dass du dein Wunschgewicht erreichst.

Die Ursachen für Übergewicht sind vielfältig und wenn du betroffen bist, hast du wahrscheinlich schon die eine oder andere Diät, fettfressende Pillen oder den Verzicht auf alles, was Spaß macht, ausprobiert. Oftmals hast du wahrscheinlich schnell eine Veränderung auf der Waage erkannt, aber irgendwann kamen deine innere Unzufriedenheit und dein Wunsch nach einem Schokoriegel oder einem Stück Sahne- torte wieder zum Vorschein. Das Ergebnis war wieder eine Gewichtszunahme und vielleicht sogar noch höher als das Ursprungsgewicht.

Woran liegt das?

Die Antwort auf die Frage ist in den meisten Fällen sehr einfach: An deinen unterbewussten Programmierungen.

Nur in wenigen Fällen sind es tatsächlich Stoffwechselerkrankungen. Um das zu überprüfen, rate ich dir zu einem Arztbesuch, lass dich eingehend untersuchen, ob es organische Probleme sind. Wenn nicht, ist deine Ursache falsche und ungesunde Ernährung und häufig auch Bewegungsmangel. Die Einstellung dir, deinem Körper und deinem Essverhalten gegenüber solltest du ändern und dabei kann dir die Hypnose unterstützend zur Seite stehen.

Dein Ziel sollte darin bestehen, deine unterbewusste Einstellung neu zu programmieren, und dafür ist es erforderlich, dass du dich bewusst damit beschäftigst, woher deine Essgewohnheiten kommen und wie du sie neu ausrichten und damit auch gut leben kannst.

Eine komplette Neuausrichtung bedeutet auch starke Veränderungen in deinem Leben, daher gehe das Thema sehr bewusst an und beschäftige dich täglich damit. Jede Wiederholung hilft dir, alte Gewohnheiten zu verändern.

Eine Programmierung aus deiner Kindheit kann zum Beispiel sein: „Iss deinen Teller leer." Das Beispiel habe ich schon im Kapitel über Blockaden genutzt, möchte es aber, da so stark, noch einmal aufgreifen.

Für meine Eltern, die in der Nachkriegszeit aufgewachsen sind, ist das ein vollkommen normaler und wahrscheinlich auch wichtiger Satz gewesen. In der Zeit gab es oftmals nicht genug zu essen und Nahrung wegwerfen war keine Option. Heute sieht das anders aus, wir haben Essen im Überfluss und können selbst entscheiden, wie oft und wie viel wir essen.

Damit prallen zwei Komponenten aufeinander, die es nicht leicht machen, Maß zu halten. Nichts wegwerfen und gleichzeitig ist so viel Nahrung vorhanden wie wir möchten. Bei mir war das vor ein paar Jahren noch so schlimm, dass ich nicht nur meinen Teller, sondern auch den meiner Töchter und meiner Frau leer gegessen habe. Schließlich war der Glaubenssatz, alles wird aufgegessen, immer noch zu stark. Das macht Gewicht abnehmen oder halten nicht einfacher. Erst als ich mich bewusst damit beschäftigt und meine Essensgewohnheiten überprüft habe, konnte ich auch mal Nein sagen.

Das Gleiche gilt für Süßigkeiten. Mir war es bis vor wenigen Jahren nicht möglich, eine Tafel Schokolade oder eine Tüte Gummibärchen nicht auf einmal zu essen. Was geöffnet wurde, habe ich auch aufgegessen, egal wie satt ich schon war. Mittlerweile kann ich mir bewusst nur einen Teil nehmen. Bin ich aber abgelenkt durch Stress oder Langeweile, falle ich in die alten unbewussten Verhaltensmuster zurück. Dabei sehe ich, wie stark diese Programmierung ist und dass ich immer wieder ein wenig nachsteuern muss.

Ähnlich ist das auch beim Sport, wenn wir keinen Spaß daran haben, ist es eine Pflichtaufgabe. Mehr Bewegung sollte man sehr bewusst und mit einem Ziel angehen. Ich war bis Mitte 20 sehr sportlich und konnte mir ein Leben ohne Sport kaum vorstellen, aber durch zwei Bandscheiben- vorfälle musste ich das Tennisspielen aufgeben und durch den gleichzeitigen beruflichen Aufstieg ist der Sport immer weiter in den Hintergrund geraten. Ich hatte eine körperliche und eine zeitliche Ausrede und habe 20 Jahre kaum Sport getrieben.

Schließlich stellte ich fest, die Wehwehchen nehmen zu und die Ausdauer ab. Es muss sich etwas ändern, denn ich möchte wie mein Papa auch mit über 80 noch fit sein und das Leben genießen. Auch hier hat die bewusste Analyse geholfen, an der nächsten Abzweigung zu entscheiden, wie möchte ich weitermachen.

Wie bei all den anderen Themen ist die bewusste Analyse der entscheidende Weg zum Erfolg und gerade bei dem Wunsch, ein Zielgewicht zu erreichen, muss man sich intensiv damit beschäftigen und immer wieder neu justieren.

Symptom

- Ich passe nicht mehr in meine Kleidung
- Ich fühle mich mit dem derzeitigen Gewicht nicht wohl
- Ich schaffe keine drei Stockwerke ohne Pause

Ziele

- Ich möchte in die Hose oder das Kleid passen
- Ich möchte wandern gehen
- Ich möchte auch im hohen Alter noch gesund und aktiv sein
- Ich möchte mich wieder selbst wohlfühlen
- Ich möchte im Sommer mit einem Bikini am Strand liegen
- Ich möchte nicht mehr so viel essen
- Ich möchte mehr Sport treiben

Ein vollständiges Ziel nach dem SMART-Prinzip könnte lauten:

Ich möchte in zwölf Wochen acht Kilogramm abnehmen, indem ich mich bewusster ernähre, auf Süßigkeiten verzichte und täglich 30 Minuten sparzieren gehe.

Das Ziel könnte man nochspezifizieren, indem man weitere Teilbereiche festlegt. Das hilft auch dranzubleiben und es motiviert, immer wieder Erfolgserlebnisse zu haben.

In den ersten vier Wochen möchte ich vier Kilogramm abnehmen, indem ich jeden Tag meinen Essensplan einhalte und täglich 20 Minuten gehe.

Nach den vier Wochen das Erreichte bewerten, auch wie schwer oder leicht es war, und dann das Ziel für die nächsten vier Wochen neu aufstellen.

In den Wochen 5-8 möchte ich zwei Kilogramm abnehmen, ich halte mich an meinen Essensplan und darf an zwei Tagen in der Woche frei entscheiden, was ich esse. Außerdem gehe ich täglich 30 Minuten.

Dann wieder bewerten und das Ziel noch einmal anpassen.

In den Wochen 9-12 möchte ich weitere zwei Kilogramm abnehmen und mein Wunschgewicht von 70 erreichen. Ich halte mich dafür an meinen Essensplan und darf mir an zwei Tagen in der Woche etwas Zusätzliches gönnen. Alle zwei Tage gehe ich eine Stunde walken.

Das richtige Ziel zu haben ist entscheidend, um durchzuhalten. Daher lieber kleine Etappenziele definieren, sonst gerät die Überprüfung, ob man es erreicht hat, zu sehr in den Hintergrund und man verliert das Ziel aus den Augen.

Motivation

- Besseres Körpergefühl
- Sich begehrter fühlen
- Bei der Feier/Hochzeit am 03.07. im tollen roten Kleid erscheinen
- Eine Wanderung oder eine Radtour schaffen
- Gesundheitliche Probleme in den Griff bekommen
- Sich mit einem Fallschirmsprung belohnen

Blockaden

- Es schmeckt so gut
- Ich liebe Schokolade
- Ich kann nicht alleine sein und muss dann essen
- Wenn ich Stress oder Ängste habe, helfen mir Süßigkeiten

Suggestionen

- Ich werde weniger Appetit haben als bisher.
- Mich macht jeder einzelne Bissen satt, ganz satt.
- Ich ziehe aus einem „Apfel" Energie für den ganzen Vormittag.
- Mir ist bewusst, dass ich kalorienarme Nahrungsmit- tel bevorzuge.
- Mich ziehen frisches Obst, leckeres Gemüse und kna- ckiger Salat magisch an.
- Wenn ich zwischendurch Hunger bekomme, nehme ich mir ein Glas frisches Wasser.

Zum Ende dieses Kapitels möchte ich noch meine ganz persönliche Meinung zu dem Thema Körpergewicht äußern.

Das ist sicherlich keine wissenschaftliche Einstellung und ich werde auch nicht belegen können, ob meine Meinung richtig oder falsch ist, und bin da auch offen bezüglich anderer Ansichten.

Ich halte sehr wenig von den Vergleichen mit den Figuren von Topmodels oder männlichen Waschbrettbäuchen. Das ist für viele zwar ein optisches Schönheitsideal, aber ob das das Ziel für ein zufriedenes und sinnvolles Leben sein muss, bezweifle ich. Für mich ist auch nicht das Ideal- oder Normalgewicht entscheidend und auch nicht mein Fettgehalt oder mein Body-Mass-Index. Mir geht es um mein Wohlfühlgewicht und meinen Fitnesszustand.

Das kann bei dem einen ein Astralkörper mit einem Fettgehalt von 15 % sein, andere fühlen sich mit einem Fettgehalt von 25-30 % wohl. Mit der Aussage „nur schlank ist schön und gesund" kann ich nichts anfangen, dafür sind wir Menschen zu unterschiedlich. Jeder muss für sich seinen eigenen gesunden und zufriedenen Weg gehen.

Allerdings bei über 30 % Fettgehalt empfehle ich, sich bezüglich der Gesundheit schon ein wenig Gedanken zu machen, wie man das Problem in den Griff bekommt. Schließlich möchte man ja sein Leben auch im hohen Alter genießen. Damit komme ich zu meinem zweiten wichtigen Punkt, meinem Fitnesszustand. Um gesund zu sein, ist es nicht not- wendig, einen Marathon laufen zu können, aber wer beim Treppensteigen schon nach dem ersten oder zweiten Stockwerk eine Verschnaufpause benötigt, sollte sich durchaus mit dem Thema Fitness beschäftigen und damit meine ich nicht unbedingt 3 x die Woche ins Fitnesscenter gehen, sondern einfach mal die Fußwege am Tag erhöhen, spazieren gehen oder am Tag zehn Minuten in ein paar Gymnastik- übungen investieren. Das hört sich nach wenig an, ist aber auf jeden Fall schon mal mehr als keine Bewegung und auch die kleinsten Übungen helfen, unsere Muskeln anzuregen. Gerade wer immer wieder kleine Zipperlein am Rücken hat und ein wenig seinen Rücken und seine Bauchmuskeln trainiert, wird sehr schnell merken, wie es besser wird.

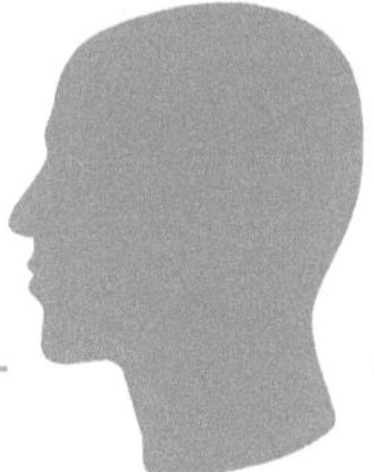

Nur in einem gesunden Körper,

wohnt ein gesunder Geist.

Turnvater Jahn

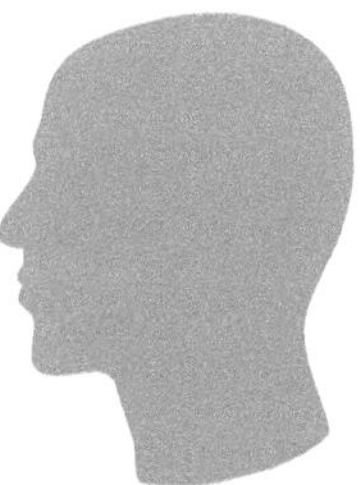

Wenn wir uns beim Einschlafen langweilen,

weil wir nicht schlafen können,

schlafen wir nicht vor lauter Langeweile ein.

Walter Ludin (*1945)

BESSER SCHLAFEN

Wir fordern immer mehr von uns und unserem Körper, die Folge sind körperliche und geistige Zusammenbrüche. Der negative Stress nimmt immer mehr zu und der positive Ausgleich, um in der Waage zu bleiben, wird vernachlässigt. Das Resultat ist im ersten Schritt häufig die Schlaflosigkeit, die ganze Nacht wälzt man sich hin und her, kommt von einem Problem ins andere und der so wichtige Schlaf findet nicht statt.

Wenn es dir ebenso geht, solltest du daran etwas ändern. Schlaf ist genauso wichtig wie Essen und Trinken. Unser Schlafbedarf ist unterschiedlich, aber wir haben alle eines gemeinsam, wir benötigen genügend Schlaf und Erholungsphasen, sonst wird es für uns gesundheitsschädlich.

Das große Problem beim schlechten Schlafen ist der Teufelskreis. Es beginnt mit Stress, Schmerzen oder Problemen, die einen die ganze Nacht wachhalten, und nach ein paar Tagen ist der schlechte Schlaf ein zusätzlicher negativ Faktor, der Stress verursacht. Wir schlafen schlecht, weil wir Angst haben schlecht zu schlafen und somit wird es immer schwieriger, diesem Teufelskreis zu entrinnen.

Bevor wir wieder die einzelnen Teilaspekte betrachten, noch ein paar Worte, warum Schlaf so wichtig ist und was dabei passiert. Aus Urzeiten hat der Mensch einen Tag-Nacht-Rhythmus. Mittlerweile hat sich zwar unser Leben geändert und wir arbeiten auch in der Nacht und schlafen am Tag oder reisen in kürzester Zeit zu Orten, die einen anderen Rhythmus haben, aber die Körperfunktionen sind gleich geblieben. Die konnten sich nicht so schnell weiterentwickeln und anpassen, wie wir uns nach außen entwickelt haben.

Wenn die Sonne untergeht und es dunkel wird, bekommt das unsere Zirbeldrüse als Information und schüttet als Reaktion darauf unser Hormon Melatonin aus. Das Melatonin begünstigt unsere Tiefschlafphase, die wir wiederum benö- tigen, um das Hormon Somatropin zu erzeugen. Dies alles ist ein Prozess, den wir unbedingt benötigen, um gesund zu bleiben und in der Nacht zu regenerieren. Kein Tiefschlaf bedeutet nicht nur Einschränkungen bei unserem Gedächtnis oder Konzentrationsstörungen oder als Folge auch Burnout und Depressionen, sondern vor allem eine verkürzte Lebenserwartung.

Als ersten Schritt empfehle ich, feste und ausreichende Schlafzeiten einzuhalten. Bei mir sind das etwas über sieben Stunden. Ich gehe dafür um ca. 00:30 Uhr ins Bett und stehe gegen 08:00Uhr auf. Die Zeiten sind nicht ganz ideal, aber aufgrund meiner Shows musste ich meinen Rhythmus um ca. zwei Stunden verschieben. Der zweite Schritt ist totale Dunkelheit. Wir produzieren nur Melatonin wenn es dunkel ist, daher unbedingt Lichtquellen minimieren und auch gleich das Smartphone aus dem Schlafzimmer verbannen. Das Nächste, was unseren Schlaf stören kann, ist zu viel oder zu fettes Essen am Abend. Alkohol und Koffein sind für einen gesunden Schlaf auch nicht hilfreich.

Der aus meiner Sicht wichtigste Schritt ist Stress abbauen, ich habe dazu einiges im Kapitel „Stressbewältigung" geschrieben. Dies kann auch mit einer Hypnose direkt vor dem Schlafengehen geschehen. Ein fließender Übergang von der Trance in den Tiefschlaf ist ideal, um einen erholsamen Schlaf zu genießen.

Symptom

- Neugeborenes Kind
- Jetlag vom Reisen
- Stress im Job oder privat
- Geldsorgen, Existenzängste
- Tiere

Ziele

- Gesünder leben
- Länger leben

Motivation

- Keine Schlaftabletten nehmen müssen
- Konzentrierter arbeiten können
- Mehr vom Leben haben
- Effektive Zeit gewinnen
- Sich wieder wohlfühlen

Suggestionen

Hier stehen uns zwei völlig unterschiedliche Wege zur Verfügung. Zum einen können wir uns über Selbsthypnose Prozesse suggerieren, die wir jeden Abend abrufen:

- Wenn ich am Abend Zähne putze, befreie ich mich von all den Sorgen und Gedanken und werde müder und müder. Ich lasse immer mehr los.
- Wenn ich mich vor dem Zubettgehen ausziehe, ziehe ich mit jedem Kleidungsstück auch den Alltag und alle falschen Gedanken aus.
- Wenn ich die Bettdecke über meinen Körper ziehe, freue ich mich auf einen tiefen erholsamen Schlaf, freue mich über alles Positive im Leben und falle immer tiefer und tiefer in diesen angenehmen und tiefen Schlaf.

Die zweite Möglichkeit ist das direkte Einschlafen nach der Selbsthypnose. Dazu gehst du an deinen Selbsthypnose-Ankerort, gehst den kompletten Prozess sehen-hören-schlafen durch und am Ende schaffst du dir einen Ausgang in einen tiefen Schlaf. Der Ausgang kann eine Brücke, ein Steg, eine Tür, eine Treppe oder ein Weg sein.

Wichtig dabei ist, es muss ein anderer Ausgang als bei deiner normalen Selbsthypnose sein. Jetzt geht es darum, sofort in den Tiefschlaf zu fallen.

- Wenn ich über die Brücke gehe, dann falle ich in einen tiefen Schlaf. Jeder Schritt, den ich gehe, lässt mich noch tiefer fallen und erst nach einem langen erholsamen Schlaf wache ich am Morgen gut erholt wieder auf.

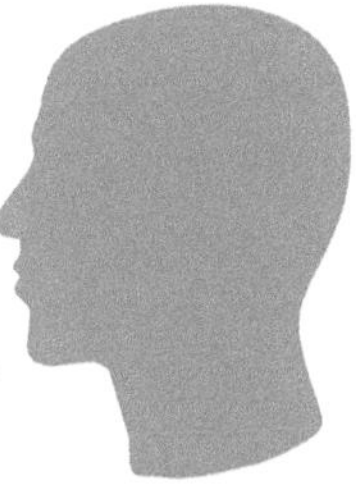

Der Schmerz ist die Mitteilung an unser Gehirn, dass esdem Körper nicht gut geht.

SCHMERZKONTROLLE

Schmerzen sind etwas Gutes!

Tatsächlich sind Schmerzen etwas sehr Wichtiges, der Schmerz signalisiert uns, da stimmt etwas nicht. „Pass mal auf und checke, ob alles in Ordnung ist" ist die Botschaft und das sollte auch immer der erste Schritt sein. Bevor wir beginnen, die Schmerzen zu bekämpfen, ist es wichtig, die Ursachen zu finden. Nur wenn wir wissen, woher der Schmerz kommt und wir ihn medizinisch behandeln, verschwinden langfristig auch die Symptome. Anders ist es bei chronischen Schmerzen, die vielleicht durch Abnutzung entstanden und medizinisch nicht reparabel sind.

Sobald wir also die Ursachen und die Behandlungsmethoden kennen und bestenfalls mit der Behandlung begonnen wurde, ist der Schmerz unwichtig und überflüssig. Das ist der Zeitpunkt, wo uns die Medizin mit Medikamenten zur Schmerzlinderung hilft, die Schmerzen in den Griff zu bekommen. Bestes Beispiel sind die Medikamente zur Symptomlinderung von Erkältungen. Sie machen uns zwar nicht gesund, aber unseren Zustand ertragbar, und helfen uns, durch einen erholsameren Schlaf wieder gesund zu werden.

Um den Schmerz zu bekämpfen, kann es nicht schaden, ihn auch zu verstehen. Wenn wir uns verletzt haben, erzeugen sogenannte „COX-Enzyme" den Botenstoff Prostaglandin und der gibt dann die Information an unser Gehirn –„Schmerz am rechten Knie". Wenn es in unserer Kindheit nicht allzu schlimm war, hat unsere Mama oder der Papa dreimal drauf geblasen und die COX-Enzyme haben aufge- hört, den Botenstoff zu produzieren, und der Schmerz hat nachgelassen.

Wenn es dagegen sehr schlimm ist, müssen wir ein Medikament nehmen, das die Schmerzen lindert, und egal ob Aspirin, Ibuprofen oder Paracetamol, es passiert genau das Gleiche wie beim „heile, heile Segen" von Mama oder Papa. Das Schmerzmittel hindert die

COX-Enzyme daran, weiter den Botenstoff zu produzieren, und damit gelangt die Information des Schmerzes nicht mehr ins Gehirn. Die Folge: Der Schmerz lässt nach und bestenfalls verschwindet er komplett.

Für sehr starke Schmerzen haben wir mit Opioiden noch eine Alternative. Die Opioide sind die künstliche Variante unserer körpereigenen Endorphine. Die benötigten wir in der Evolution, um in extremen Stresssituationen nicht den Kopf zu verlieren, sondern handlungsfähig zu bleiben und eine Lösung zu finden. Das geht natürlich nicht mit Schmerzen und daher blockieren die Endorphine die Angst und die Schmerzen. Die von außen zugefügten Opioide können 100 Mal stärker wirken als die körpereigenen Endorphine und sind somit sehr stark schmerzhemmend.

Das Problem der Behandlung von außen sind Nebenwirkungen, die bei einmaliger Aufnahme wahrscheinlich nicht besorgniserregend sind, aber täglich?

Der Begründer der antiautoritären Hypnose Milton Erickson musste zeitlebens mit Schmerzen leben. Schon vor seinem

18. Geburtstag erkrankte er an Kinderlähmung und er trainierte funktionslose Muskeln so lange nur mit der eigenen Vorstellung, bis sie langsam wieder zuckten. Er war die meiste Zeit seines Lebens an den Rollstuhl gefesselt, aber trotz dieses Handicaps und der Schmerzen bis ins hohe Alter von 78 Jahren beruflich sehr aktiv. Um in den Tag zu starten, begann er täglich mit einer Selbsthypnose zur Schmerzregulierung.

Bei der Schmerzreduzierung geht es im Kern darum, das schmerzende Körperteil bewusst wahrzunehmen und in einen neuen Status zu verschieben und damit die Produktion unseres Schmerzhormons zu unterbinden. Ähnlich dem, was unsere Eltern mit uns gemacht haben. Konzentration auf den Schmerz, dann die Aussage, wenn ich puste, wird es gleich wieder gut, und dann natürlich die Ausführung. Die Erfahrung, meine Eltern wissen was sie tun, sie sind kompetent, hat geholfen es zu glauben und anzunehmen und schon hat man den Körper ausgetrickst und die Schmerzen waren wie weggeblasen.

Das funktioniert auch mit Erwachsenen, wie eine wissenschaftliche Studie zeigt. Wenn ein Mann oder eine Frau in einem weißen Kittel einem Kopfschmerzpatienten detailliert erklärt, wie die neue Tablette funktioniert, die in Wahrheit nur ein Zuckerkügelchen ist, dann verschwinden die Kopfschmerzen schneller als bei einem Medikament. Es ist genau der gleiche Prozess wie in der Kindheit. Ein kompetenter Mensch erklärt, wie die Schmerzen verschwinden, geht genau wie besprochen vor und wartet nur noch ein paar Minuten und freut sich über die Heilung.

Wenn das von außen möglich ist, dann sollte das doch auch nur mit eigenen Gedanken funktionieren, und damit sind wir bei der Lösung Selbsthypnose.

Motivation

- Keine Schmerzen mehr
- Besser schlafen können
- Schmerzfrei arbeiten können
- Ausflüge unternehmen können
- Sport treiben

Blockaden

- Ich bekomme kein Schmerzensgeld
- Ich muss wieder arbeiten gehen
- Ich bekomme kein Mitleid
- Ich werde nicht so oft besucht

Die Blockaden klingen im Verhältnis zu den Schmerzen im ersten Moment vielleicht ein wenig absurd, aber diese Blockaden sind extrem stark und nicht ersetzbar, man muss sie also bewusst akzeptieren, nur dann ist eine Schmerzkontrolle tatsächlich möglich.

Suggestionen

Der Wirkungsteil der Selbsthypnose funktioniert ein wenig anders als bei normalen Suggestionen und du solltest dafür auch ein wenig Geduld mitbringen. Jahrelange chronische Schmerzen verliert man nicht in zehn Minuten auf immer und ewig. Daher sind die Eigenmotivation und das Ziel der Schmerzreduzierung sehr wichtig. Oftmals sind es auch kleine Schritte, mit denen man den Schmerz langsam immer weiter reduziert.

Ich möchte dazu die Geschichte eines Seminarteilnehmers erzählen. Anton konnte nach mehreren Knieoperationen nur noch sehr kurze Strecken gehen und das auch nur unter großen Schmerzen.

Bei einer Bewertung der Schmerzen auf einer Skala von 1 bis 10 hatte er beim Aufstehen eine 7. Nach ein paar therapeutischen Bewegungsübungen am Morgen wurde es ein wenig besser mit 5 bis 6. Allerdings verschlechterte sich der Zustand über den Tag je nach Aktivität auf 8 bis 9. Wirklich sehr starke Schmerzen, sofern er keine Schmerztabletten genommen hat, aber die versuchte er wegen der Nebenwirkungen möglichst zu vermeiden.

Er lernte dann in meinem Selbsthypnose-Seminar, wie er über seinen Ankerort in Trance kommt. Der nächste Schritt war die Bewertung des Schmerzes und die Formulierung des Ziels. Es war klar, nach jahrelangen Schmerzen wird er nicht sofort auf 0 kommen, also war das Ziel, auf der Schmerzskala auf 3 bis 4 runterzukommen.

Jetzt wäre es möglich, dass man sich in der hypnotischen Trance auf das Knie konzentriert und sich vorstellt, wie man an einem Drehknopf oder an einem Schieber die Schmerzen langsam nach unten dreht oder schiebt. Immer mit dem Gedanken, wie fühlt sich das Ziel an.

Anton konnte aber mit den Zahlen und den Schmerzstufen nicht so viel anfangen, sodass wir auf Farben ausgewichen sind. Er sollte sich sein schmerzendes Knie in einer Farbe vorstellen. Das ist ein sehr wichtiger Schritt, bevor wir mit der Linderung beginnen können.

Die volle Konzentration muss auf den schmerzenden Punkt ausgerichtet werden. Ist es ein pochender Schmerz, ein stechender oder brennender Schmerz? Bildhaft ausgedrückt, schlägt jemand mit einem Hammer gegen das Knie oder sticht mit einem Messer oder einer Nadel tief in das Knie oder wird ein glühender Schürhaken auf das Knie gepresst?

Das muss man sich gut vorstellen und dann die passende Farbe dazu suchen. In der Regel sind es eher die dunklen Töne oder ein Rot. Bei Anton war es ein dunkles Braun.

Im Anschluss habe ich ihn gefragt, welche Farbe denn sein gesundes Knie ausstrahlt, frei von Schmerzen und Entzündungen. Es war für ihn ein reines Weiß. Wir haben uns anschließend darauf verständigt, dass der starke Schmerz von einem dunklen Braun sich zuerst zu einem Hellbraun, dann einem Orange und weiter zu einem Gelb verändert und dann immer heller wird, bis es weiß und schmerzfrei ist. Orange war der Übergang zu einem leichteren Schmerz und somit der erste positive Erfolg.

Sehr schnell lernte er, wie er mit dieser Methode den Schmerz selbst regulieren und auf ein Niveau senken konnte, das für ihn erträglich war, vergleichbar mit dem Zustand nach seinen therapeutischen Bewegungsübungen. Damit war er zuerst schon zufrieden und daher hat es vermutlich auch ein wenig länger gedauert bis er auf Gelb beziehungsweise ein helles Gelb runterkam. Er ist bis jetzt nicht völlig schmerzfrei und spürt das Knie weiterhin, aber es ist kein großes Handicap mehr und sich daran zu erinnern, weiterhin auf das Knie aufzupassen, ist sicherlich auch nicht der verkehrte Weg.

Schwierig ist es für ihn nur noch, wenn er aufgrund von Zeitmangel die Selbsthypnose vernachlässigt und meint, er kommt mit dem geringen Schmerz durch den Tag. Hier hat er die Erfahrung gemacht, dass es dann immer schlimmer wird und je höher der Schmerz, umso schwerer fällt es ihm, loszulassen und sich in Trance zu versetzen. Um diesen Punkt nicht zu erreichen, ist eine gewisse Kontinuität erfor- derlich. Falls es tatsächlich so weit kommt, empfehle ich als ersten Schritt eine Hypnose zum Entspannen, das heißt, den Druck abzubauen und erst dann mit der Schmerzreduzierung zu beginnen.

Eine weitere Möglichkeit neben einem Regler mit Zahlen oder der Schmerzregulierung mit Farben ist die Veränderung durch einen Ortswechsel. Das kann, wie schon beim Selbsthypnoseanker, eine Tür, eine Treppe oder eine Brücke sein. Auch ein Berg passt dafür gut in eine Suggestion:

- Ich stehe mit meinen Schmerzen, ganz oben am Gipfelkreuz eines Berges, ich schaue nach unten und sehe die schmerzfreie Vergangenheit im Tal. Ich gehe jetzt nach unten und mit jedem Schritt, den ich mache, wird der Schmerz weniger und weniger, jeder Atemzug, den ich dabei mache, lässt mich noch mehr loslassen und ich entspanne immer weiter und weiter. Unten angekommen ist der Schmerz verschwunden, er ist oben auf dem Berg geblieben und mir geht es immer besser und besser.

- Wenn ich durch diese Tür oder über diese Brücke gehe, erwartet mich dahinter die angenehme und schmerzfreie Zeit und mir geht es gut ...

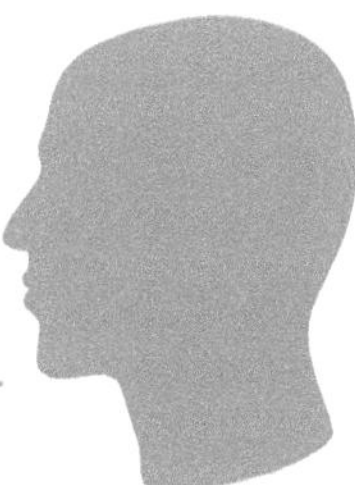

Ärger schlägt auf das schwächste Organ,
darum so viel Kopfschmerzen.

Manfred Hinrich (1926-2015)

MIGRÄNE/KOPFSCHMERZEN

Ein sehr großes Problem in unserer heutigen Zivilisation sind Migräne und Kopfschmerzen und diese behandeln wir gerne mal schnell mit einer Tablette und machen dann weiter wie zuvor. Aber auch hier ist die Information unseres Körpers:

„Hey, ich kann nicht mehr, ich bin überlastet und benötige eine Pause und wenn du nicht hören möchtest, musst du halt fühlen."

Ich war in meinen über 20 Jahren im Key Account Management selbst in der Falle. Ich benötigte jede Woche vier bis fünf Kopfschmerztabletten, aber kann das die Lösung sein?

Heute weiß ich, ganz sicher nicht, aber gefangen im Job denkt man darüber nicht nach. Mein Wechsel fand mit der Hypnose statt. Ab dem Zeitpunkt, als ich jeden zweiten Tag meine Hypnoenergie nutzte, gingen meine Probleme zurück. Daher empfehle ich dir, falls noch nicht geschehen, dass du dir unbedingt die Hypnose „Hypnoenergie" auf dein Smartphone laden solltest.

Ich benötige heute nur noch alle paar Wochen eine Kopfschmerztablette und das auch nur, wenn ich unterwegs bin oder keine Zeit für eine Hypnose habe. Andernfalls lege ich mich hin, genieße eine Hypnose und bin danach wieder frei von Schmerzen und das völlig ohne Arzneimittel.

Allerdings ist meine Erfahrung auch kein Allheilmittel und nur eine Lösung für die unterschiedlichsten Ursachen.

Meine Kopfschmerzen haben drei unterschiedliche Auslöser und jeder benötigt auf den ersten Blick eine andere Lösung.

Die häufigsten Kopfschmerzen kamen bei mir durch Stress, Wetterumschwung oder wenn ich einfach zu lange vor dem Rechner gesessen hatte. Diese Schmerzen konnte ich sehr einfach mit meiner Hypnose in den Griff bekommen. Je ausgeglichener ich bin, um so seltener bekomme ich Kopfschmerzen. Die Hypnose ist für mich also eine Art Vorsorge. Falls ich doch in die Falle tappe und mich überfordere, dann versuche ich schnellstmöglich, mir 15-20 Minuten Zeit zu nehmen und eine Hypnose durchzuführen. In den allermeisten Fällen geht es mir danach sofort besser.

Des Weiteren hatte ich ein Problem mit nächtlichem Zähne- knirschen. Die Ursachen waren ebenso Stress und dass ich als Folge in der Nacht fleißig auf meinen Problemen gekaut habe. Hier ist im ersten Schritt der Weg zum Zahnarzt zu empfehlen und in der Nacht eine Beißschiene zu tragen. Die Ursache bekämpft man damit aber nicht, sondern man mildert nur die Auswirkung. Mir haben auch hier meine regelmäßigen Hypnosen und somit die Stressreduzierung gehol- fen. Infolgedessen konnte ich besser und tiefer schlafen und die Beißschiene wurde überflüssig.

Mein drittes Problem ist mein Nacken, allerdings nur während meiner Urlaubszeit, wenn der Stress nachlässt beziehungsweise sich mein Cortisolspiegel senkt. Dann ist nicht mehr der ganze Körper angespannt, als würde der Säbelzahntiger vor einem stehen, sondern der Körper muss seine Arbeit im Ruhezustand verrichten. Das führte bei mir zu folgendem Problem, das ich drei Jahre hintereinander hatte. Wir gehen im Urlaub gerne tauchen und es ist für mich ein herrliches Gefühl, schwerelos durch das Wasser zu gleiten und die Korallen und Fische zu beobachten. Besser kann ich kaum abschalten. Aber immer, wenn ich nach dem Tauchgang aus dem Wasser kam, habe ich gemerkt, wie ganz starke Schmerzen vom Nacken in den Kopf gezogen sind und auch kein Aspirin und keine Schmerztablette half. Ich habe mich dann vor Ort massieren lassen, um die Schmerzen halbwegs ertragen zu können, aber so richtig habe ich die Ursache nicht verstanden. Im nächsten Jahr trat genau das gleiche Problem wieder auf und ich war kurz davor, das Tauchen an den Nagel zu hängen. Bis mir ein Arzt erklärte, woran es liegt und dass ich es mit ein wenig Training in den Griff bekommen kann. Ich habe mit einem speziellen Nackentraining begonnen und vor jedem Tauchgang habe ich die Muskeln und Sehnen in meinem Nacken gedehnt.

Das ist schon der erste gute Schritt, die Muskelkraft zu stärken, um widerstandsfähiger zu sein, aber das Problem war ja in dem Fall auch ein elfmonatiger Disstress und daher ein hoher Cortisolwert. Hier ist es ebenfalls wichtig, nicht nur die Gegenwehr, also die Muskeln zu trainieren, sondern zusätzlich den negativen Stress abzubauen. Auch hier kann die regelmäßige Hypnose helfen, das Problem erst gar nicht aufkommen zu lassen.

Wahrscheinlich ist es dir schon aufgefallen, ich habe drei unterschiedliche Kopfschmerzen mit jeweils verschiedenen Auslösern beschrieben. In allen Fällen war aber die Grundursache der Stress und sobald ich hier einen Ausgleich mittels Hypnose geschaffen hatte, wurde es besser.

Suggestionen

Für meine Vorgehensweise, um bei mir selbst oder auch bei anderen die Kopfschmerzen schnell zu beseitigen, benötige ich einen Stein oder etwas Ähnliches. Am besten eignet sich ein hübscher Halbedelstein.

Konzentriere dich auf die Stelle in deinem Kopf, die schmerzt, ist es die Stirn, kommen die Schmerzen vom Nacken nach oben oder ist nur eine Seite betroffen? Wenn du weißt, wo der Schmerz sitzt, dann fühle, ob es ein Druckschmerz ist, er eher pocht oder ganz aggressiv sticht. Als Nächstes fühle in dich hinein, welche Farbe hat der Schmerz an dieser Stelle? Ist er blau, lila, braun oder schon ganz schwarz.

Jetzt stell dir vor, wie du diesen Schmerz aus deinem Kopf in deine Hand fließen lässt und beginnst, diesen Schmerz zu drücken und zu kneten. (Der Stein befindet sich in der Hand.)

Und der Schmerz wird immer kleiner und kleiner und langsam ist er auch nicht mehr flüssig, sondern er wird immer härter und härter und auch die Farbe verändert sich zu einem hübschen Orange. (Dies ist abhängig vom Stein.) Während du diese Transformation erlebst, spürst du, wie es dir von Sekunde zu Sekunde besser geht. Die Schmerzen sind aus deinem Kopf verschwunden und haben sich in dem Stein verfestigt. Sobald der Schmerz in deiner Hand steinhart ist, ist er komplett verschwunden.

Bei dieser Strategie wirken gleich zwei Faktoren. Es ist zum einen unsere eigene Vorstellungskraft, die uns hilft, den Schmerz aus dem Brennpunkt zu entfernen. Es ist die Konzentration auf den Auslöser, die in der Trance unterstützt und zielgerichtet etwas mit dem vorhandenen Schmerz macht. Der zweite Faktor ist ebenso hilfreich. Aufgrund des Drückens und Knetens in der Hand fließt vermehrt Blut in die Hand. Das hilft, dass der Blutdruck im Kopf gesenkt wird und für Entlastung sorgt. Gerade bei Migräneanfällen scheint dies eine wirksame Methode zu sein, weil man sehr schnell für Entlastung sorgt.

Um den Blutdruck im Gehirn zu senken, kann man auch gezielt das Blut zu anderen Körperteilen lenken. Wenn wir uns darauf konzentrieren, dass unsere Füße oder Hände warm werden sollen, wird es nur wenige Minuten dauern, bis eine erhöhte Blutzirkulation dafür sorgt, dass die Füße oder Hände warm werden. Da wir nicht alle Körperteile immer gleich stark mit Blut versorgen können, ist die Folge, dass unser Gehirn weniger Blut bekommt und der Druck nachlässt. Dies kannst du sehr einfach testen, indem du dich auf deine Füße oder Hände gezielt konzentrierst und merkst, wie schnell sie wärmer werden.

Diese Übung hilft gleichzeitig, um sich vom Schmerz abzulenken, was eine weitere Möglichkeit ist, um Kopfschmerzen in den Griff zu bekommen.

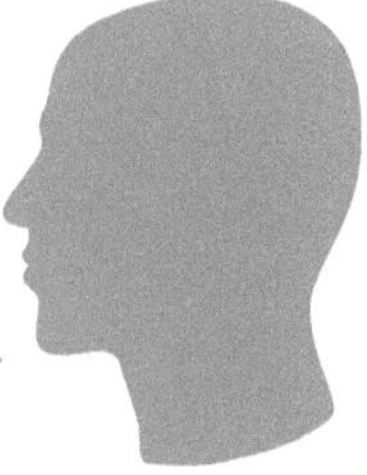

Die Wehen der Geburt

sind der Atem der Schöpfung.

Manfred Poisel (*1944)

HYPNOBIRTHING

Wenn ich über Schmerzen schreibe, möchte ich das Thema Geburt nicht vernachlässigen. Die Wehenschmerzen sind nicht vergleichbar mit den Schmerzen, die ich in den beiden vorherigen Kapiteln beschrieben habe. Es sind keine Schmerzen, die aufgrund von Verletzungen oder Erkrankungen erscheinen, sondern es sind Muskelschmerzen, die durch starke Kontraktionen der Gebärmutter ausgelöst werden. Hinzu kommen die Dehnung des Muttermundes und damit die tatsächliche Geburt. Die Wahrnehmung dieser Schmerzen ist sehr unterschiedlich und natürlich hat jede Frau eine andere Schmerzwahrnehmung.

Hypnobirthing wurde in den 1980er Jahren in den USA ent- wickelt. Das Ziel ist, eine positive und möglichst schmerzfreie Geburt zu erleben. Ob das Versprechen gehalten werden kann, hängt von mehreren Faktoren ab. Wenn es bei der Geburt Komplikationen gibt, kommt man zum Wohle des Kindes auch dann nicht um den Kaiserschnitt herum. Ganz entscheidend ist zudem, wie sehr sich die werdende Mutter darauf einlässt und wie suggestibel sie ist.

Auch wenn ich ein Mann bin, der die Geburtsschmerzen nicht erleben kann, war ich immerhin bei den beiden Geburten unserer Töchter dabei und empfinde Hypnobirthing als einen sehr guten und positiven Weg. Ich kann nur jeder werdenden Mutter empfehlen, sich mit dem Thema zu beschäftigen.

Das wahrscheinlich häufigste Problem bei werdenden Müttern ist die Angst vor den Geburtsschmerzen, sicherlich nicht unberechtigt. Diese Ängste führen in der Folge zu Verkrampfungen, die die Schmerzen noch weiter verstärken. Außerdem hemmen die Ängste die Produktion von Oxytocin, unserem Kuschelhormon. Das benötigen die Frauen, um die Geburtswehen einzuleiten und immer weiter zu verstärken. Wenn durch Ängste das Hormon nicht weiter produziert wird, dann geht es auch bei der Geburt nicht vorwärts und man muss von außen künstlich erzeugtes Oxytocin zuführen, um die Geburt voranzubringen.

Das Problem der Angst ist mit der richtigen Vorbereitung und einem positiven Anker sehr gut in den Griff zu bekommen. Das Konzept von Hypnobirthing beruht darauf, dass die Geburt etwas Schönes, etwas Besonderes ist. Man spricht von Wellen und nicht von Wehen, der Begriff ist negativ besetzt und schmerzt schon beim Aussprechen, dagegen ist eine sanfte Welle am Meer etwas sehr Angenehmes. Der Begriff primt also schon das positive Ziel. Mein wichtigster Tipp wäre: Bitte während der Schwangerschaft keine negativen Berichte über Geburten lesen oder Sendungen dazu anschauen. Viel besser ist, sich mit der Zukunft auseinanderzusetzen, das Kinderzimmer vorzubereiten und sich gemeinsam auf den Neuankömmling zu freuen, die Zeit der Schwangerschaft mit einer gewissen Vorfreude zu genießen.

In der Zeit der Schwangerschaft würde ich des Weiteren empfehlen, regelmäßig eine Selbsthypnose durchzuführen oder eine Audiohypnose zu hören. Wichtig ist, die Musik die dabei läuft, auch bei der Geburt einsetzen. Unser Gehirn versteht sehr schnell, wann es entspannen kann, und da rei- chen oft schon die ersten Takte einer bestimmten Musik, um zu relaxen. Das ist eine sehr leichte, aber sehr wirkungsvolle Methode.

Eine weitere Methode, um sehr schnell und leicht zu entspannen, sind Berührungen des Partners. Sobald wir uns berühren, schütten wir unser Kuschelhormon Oxytocin aus, und wie schon weiter oben geschrieben, das benötigen wir für die Geburt, es beruhigt und hemmt eventuell aufkommende Ängste. „Gemeinsam schaffen wir das!"

Der letzte und wahrscheinlich wichtigste Baustein beim Hypnobirthing ist die Selbsthypnose. Im Normalfall bereiten in Hypnose ausgebildete Hebammen die werdenden Mütter in einem Hypnobirthing-Kurs vor. Zuerst wird die Selbsthypnose gelernt, dann ein entsprechender Anker platziert und die Geburt positiv durchgespielt und ebenfalls verankert. Wenn es dann soweit ist, kann die werdende Mutter das positive Programm anhand des Ankers abrufen und die Geburt genießen.

Motivation

- Ich möchte ein Kind
- Ich möchte mein Kind natürlich gebären
- Ich möchte keine Schmerzen verspüren
- Ich möchte die Geburt genießen

Blockaden

- Negative Erzählungen von anderen Müttern
- TV-Sendungen über Probleme, die aufkommen können
- Berichte in Zeitungen oder im Internet über schlimme Geburten

Suggestionen

Ich freue mich auf die Geburt, auf mein Kind. Ich bin zuversichtlich, eine wundervolle Geburt erleben zu dürfen. Mein Körper ist bereit, sich für dieses wundervolle neue Geschöpf öffnen zu dürfen. Ich überlasse bei der Geburt alles meinem Körper und meinem Kind. Und mit jedem tiefen Atemzug entspanne ich bei der Geburt mehr und mehr und helfe somit, dass mein Kind von ganz alleine den Weg nach draußen findet. Und mit jeder Geburtswelle steigt meine Vorfreude auf mein Kind. Jeder tiefe Atemzug hilft mir, noch entspannter die Geburt zu genießen.

Diese positiven Suggestionen und somit Affirmationen werden bei der Geburt helfen, alles Negative zu verdrängen. Den Text solltest du natürlich an deine Vorstellungen anpassen und viele weitere positive Ziele formulieren.

Aus meiner Sicht ist auch wieder der Weg aus dem Ankerort der Selbsthypnose in die Trance sehr passend. Wenn du hierfür die Tür des Kinderzimmers nutzt, wo beispielsweise der Name deines Kindes schon an der Tür steht oder das Bild von einem lustigen Clown daran hängt, dann hast du sofort die Verbindung zu etwas Positivem. Du kannst dann schon beim gedanklichen Anblick der Tür loslassen und entspannen. Eine sehr schöne Vorstellung könnte hier auch sein, wie du dein Baby in die Wiege legst.

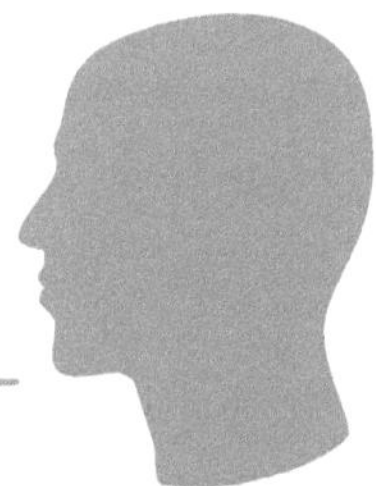

Auch wer gerade auf Rosen gebettet scheint,

wird oft zu Unrecht beneidet.

Die Gefahren einer Blütenpollen-Allergie

sind nicht zu unterschätzen.

KarlHeinz Karius (*1935)

ALLERGIEN

Es wird dich vermutlich nicht wundern, wenn ich zum wiederholten Male behaupte, der Stress ist schuld. Viele Allergien haben ihren Ursprung im Stress und in der Überlastung. Daraus entstehen innere psychische Konflikte, hinzu kommen die Umweltfaktoren und im schlimmsten Fall auch noch eine erbliche Veranlagung. Aber wäre unsere psychische Belastung nicht so hoch, würden die Umwelt und unsere Erbanlagen oftmals nicht zum Tragen kommen.

Eine Allergie ist eine überempfindliche Reaktion unseres Körpers auf einen Auslöser. Diese Auslöser können Nahrungsmittel, Insektenstiche oder Blütenpollen sein, aber auch chemische Stoffe, die sich in Kleidung befinden können. Die Reaktionen sind Hautausschläge, Schwellungen oder beim typischen Heuschnupfen das Niesen und Tränen der Augen. Diese Überempfindlichkeit gegenüber bestimmten Stoffen sorgt dafür, wenn wir sie über den Mund oder die Haut aufnehmen, dass wir Antikörper produzieren, damit die allergische Reaktion endet.

Die Auswirkungen und Gefährlichkeit der allergischen Reaktion ist auch von der Dosis und unserer körperlichen Reaktion abhängig. Der Stich einer Wespe in den Hals mit einer allergischen Reaktion und einer sofortigen dicken Schwellung kann tödlich enden. Dagegen ist es möglich, bei einem leichten Pollenflug kaum Auswirkungen zu spüren und bei nur ein wenig mehr sofort zugeschwollene Augen zu haben. Die Dosis macht es zum Problem. Man muss sich das wie einen leeren Krug vorstellen. Da geben wir ein wenig Vorbelastung, ein wenig Umwelt und jetzt noch ein paar Birkenpollen rein und der Krug ist voll. Am nächsten Tag blühen die Gräser oder man ist auf Kernobst allergisch, beißt in eine Kirsche und schon läuft der Krug über. Wir haben keinen Spielraum mehr für noch mehr Belastung.

All diejenigen, die keine erbliche Vorbelastung haben, starten mit einem leeren Krug. Wer nicht direkt an der Hauptverkehrsstraße aufgewachsen ist oder keinen anderen Umwelteinflüssen unterliegt, dessen Krug bleibt ebenfalls noch leer. Füllen wird er sich aber auch mit psychischen Belastungen wie Stress und Druck, dem man nicht mehr gewachsen ist. Kommen noch Schul- oder Beziehungsprobleme, die Pubertät, Ängste oder Depressionen hinzu, füllt sich der Krug immer schneller. Regelmäßige Entspannungshypnosen sind daher schon ein guter Ansatz, um den Krug langsam wieder zu leeren und ausgeglichener zu werden.

Ich bin seit meiner Jugend auf Gräser allergisch und mehr als 30 Jahre hatte ich im Juni immer erhebliche Probleme mit Heuschnupfen. Dieser verschwand vor fünf Jahren, als ich mit regelmäßigen Entspannungshypnosen begann, von ganz alleine. Das hätte natürlich auch Zufall sein können, aber ich habe im Frühjahr 2019 ein wenig geschlampt und die Hypnose nur noch bei Bedarf eingesetzt, also wenn ich müde und kaputt war oder Kopfschmerzen hatte. Aber nachdem das nicht so oft vorkam, habe ich auch mal ein paar Tage keine Hypnose durchgeführt und auf einmal hatte ich wieder meine typischen Heuschnupfensymptome. Erst als ich mit einer täglichen Hypnose dagegen gearbeitet habe, wurde es wieder besser und verschwand nach ein paar Tagen komplett. Ich habe also mit der Hypnose in meinem Krug wieder Platz geschaffen, um nicht auf die Gräser zu reagieren.

Eine sehr schöne Geschichte erreichte mich ebenfalls in diesem Frühjahr, als Burkhard, ein Teilnehmer meines Selbsthypnose-Seminars, mir ca. zwei Monate später schrieb.

E-Mail von Burkhard:

Hallo Alexander,

vielen Dank für Deine Hinweise. Kurz gesagt: Es hat 100-prozentig geklappt!

Ich habe mit der Erfolgs-Rückmeldung an Dich etwas gewartet, da ich ja an Heuschnupfen leide und die Allergie-Auslöser laut Test so vielfältig waren, dass ärztlicherseits von einer Hypersensibilisierung abgeraten wurde und ich mich mit ein bis drei „Heuschnupfenspritzen" von März bis in den Herbst gerettet hatte. Seit über 10 Jahren habe ich die freie Natur gemieden so gut es ging.

Seit meiner Selbsthypnose/Suggestion „Rhododendronblüte blau" hatte ich Anfang April noch leichte Beschwerden, dann gar keine mehr!!!

Botanischer Garten, Biergarten und Radfahren machen mir wieder Freude. Waldwanderungen sowieso.

Ich habe heute meine Hausärztin (jährlicher Check-up) über diesen für mich unglaublichen Erfolg informiert und sie war sehr an meiner Schilderung interessiert. Sie bestätigte, dass sich ihrer Ansicht nach die Hypnose/Suggestion auf das Immunsystem auswirkt; allerdings meinte sie auch, dass das nicht bei jedem Menschen gleich gut funktioniert.

Mit nochmals herzlichem Dank, viele Grüße

Burkhard

Das ist die originale E-Mail, die ich mit seiner Erlaubnis abdrucken durfte. Er hatte mir wenige Tage nach dem Seminar geschrieben, dass er erste Erfolge mit der Selbsthypnose hat und es schafft, selbstständig in Trance zu fallen. Allerdings benötigte er noch einen kleinen Tipp für die Suggestionen. Ich habe ihm daraufhin folgende Suggestion vorgeschlagen, die er auch umgesetzt hat:

„Immer wenn ich eine allergische Reaktion spüre (das Problem) sehe ich einen wunderschönen Rhododendron vor mir, er blüht in einem wundervollen Blau und wenn ich daran rieche, fühle ich mich frei und frisch und mir geht es gut (das Ziel).“

Schon an meinen beiden Beispielen kannst du erkennen, auf welchen unterschiedlichen Wegen man erfolgreich sein kann, und vielleicht hat Burkhards Hausärztin recht, wenn sie sagt, das hilft nicht bei jedem, aber bei jedem, wo es hilft, ist es besser, als wenn er weiter Medikamente nehmen muss, die meistens sehr müde machen, nicht immer anschlagen und man vor allem nicht die Ursache bekämpft, sondern nur die Symptome. Ich kann jedem Allergiker nur empfehlen, sich damit zu beschäftigen und es selbst zu testen. Die Erfolge von Heilpraktikern in diesem Bereich zeigen auch, dass sehr viele Überempfindlichkeiten Kopfprobleme sind und man mit dem richten Glauben an sich selbst etwas dagegen tun kann.

Motivation

- Ich möchte wieder rausgehen
- Ich möchte wieder Äpfel und Kirschen essen
- Ich möchte mit dem Cabrio fahren

Blockaden

- Mit den Tabletten komme ich ganz gut durch
- Die Selbsthypnose ist mir zu anstrengend

Suggestionen

- Immer wenn ganz viele Pollen fliegen, atme ich tief ein, stelle mir eine wunderschönen Strauß Blumen vor und während ich den Duft der Blumen einatme, spüre ich, wie ich mich absolut frei fühle, frei von jeglicher Allergie.
- Ich kann jederzeit rausgehen und die frische und nach Blumen duftende Luft genießen, ich laufe durch ein Feld von Wildblumen und freue mich über die gute Luft und je öfter ich das mache, umso leichter fällt es mir. Ich genieße es und bin frei von meinen Überreaktionen.
- Wenn ich eine Katze sehe, stelle ich mir vor, sie wäre ein Kuscheltier, das Kuscheltier, mit dem ich als Kind immer gekuschelt habe, ganz eng und mir ging es dabei ganz gut, ich fühlte mich wohl und sicher und so geht es mir auch jetzt, wenn ich die Katze sehe oder sie sogar streichle.
- Wenn ich einen Apfel essen möchte, erinnere ich mich zurück an die sauren Äpfel vom Opa, die waren sauer wie eine gelbe Zitrone und dieses Gelb wird vor meinen Augen immer klarer und wenn ich jetzt in den Apfel beiße, spüre ich das Gelb und der Apfel schmeckt genauso gut wie früher und ich kann ihn genießen, Biss für Biss.

Auch bei meinen Beispielen ist es natürlich wieder erforderlich, dass du sie an deine Ursachen und deine Wünsche und Ziele anpasst.

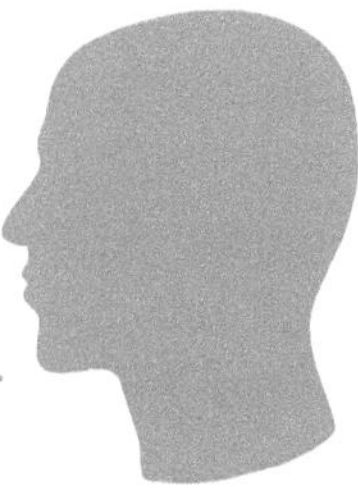

Sei Du selbst die Veränderung,

die Du Dir wünschst für diese Welt.

Ghandi (1869-1948)

MOTIVATION

Die Motivation macht den Unterschied aus, ob wir etwas tun oder eben auch nicht. Es ist nahezu unmöglich, etwas zu erreichen, wenn wir dazu nicht motiviert sind. Es bezeichnet die Gesamtheit aller Beweggründe, die uns dazu antreiben, etwas zu tun. Diese Motive können innerlich aufgebaut werden, aber auch von äußeren Einflüssen bestimmt sein.

Damit das Werkzeug Hypnose erfolgreich funktioniert, weise ich immer wieder darauf hin, dass die Motivation zum Ziel passen muss. Es kann jemand das größte Talent zum Malen haben, wenn er aber keine Lust hat, einen Pinsel in die Hand zu nehmen, dann wird ihm das Talent wenig bringen. Er benötigt, bevor er sein Talent nutzen kann, im ersten Schritt die Motivation, den Pinsel in die Hand zu nehmen.

Diese Motivation kann von einem selbst kommen, dann bezeichnen wir sie als intrinsische Motivation – ich fange an zu malen, weil es mir Spaß macht oder weil ich mich auf das Ergebnis freue.

Die Motivation kann aber auch von außen kommen, durch Belohnung: „Wenn du das Bild fertig hast, bekommst du 100,00 € oder dann habe ich dich lieb." Oder als Strafe:

„Wenn du das Bild nicht fertig hast, bekommst du kein Abendessen." Dann bezeichnen wir sie als extrinsische Motivation.

Für unsere Grundbedürfnisse Hunger, Durst und Fortpflanzung benötigen wir keine Motivation, diese haben wir aufgrund unseres angeborenen Instinktes zu überleben. Um darauf zu verzichten, würden wir allerdings eine sehr starke Motivation benötigen. Wir befriedigen damit nicht unsere ureigenen Bedürfnisse, sondern verzichten darauf, daher muss die Motivation im umgekehrten Fall sehr hoch sein. Wenn mein Magen knurrt, habe ich aufgrund meines Überlebensinstinktes eine hohe Motivation, mir etwas Essbares zu suchen. Wenn ich jetzt verzichten möchte, dann muss diese Motivation stärker sein als das Knurren des Bauches. Ich benötige also eine Zielsetzung, die mir hilft, das Knurren meines Bauches zu überhören. Die Motivation muss demzufolge stark genug sein.

Das könnte beim Wunsch der Gewichtsreduzierung ein Kleid oder eine Hose sein, das oder die mir mal gepasst hat oder mir zu einem bestimmten Fest wieder passen soll. Es könnte aber auch die Angst vor etwas oder eine Bestrafung sein. Die Angst vor gesundheitlichen Schäden oder die Bestrafung, dass einen dann der Partner verlässt. Ob das dann der richtige Partner wäre, lassen wir mal dahingestellt, mir geht es darum zu verstehen, dass natürlich etwas Negatives durchaus auch motivieren kann, etwas zu tun.

Aber ist das dann nachhaltig? Wahrscheinlich eher nicht. Besser aus meiner Sicht ist der Weg über positive Ziele, man ist dann auch bereit, daran zu arbeiten. Von außen wäre das entweder eine Belohnung, aber auch Lob und Anerkennung. An der Stelle sehe ich das größte Verbesserungspotenzial bei vielen Führungskräften, aber auch bei Eltern, die ja für ihre Kinder nichts anderes als eine Führungskraft sind.

Betrachten wir den Weg des Kleinkindes auf das Töpfchen. Zu Beginn benötigt das Kind einen Einfluss von außen, um zu verstehen, dass es nicht normal ist, in die Windel zu machen, sondern dass man auf die Toilette oder eben auf das Töpfchen geht. Man kann natürlich so lange warten, bis sich das Kind dieses von Erwachsenen abschaut, was der normale Weg wäre, aber vermutlich etwas länger dauert. Also versuchen wir als Eltern es unseren Kindern beizubringen. Zu Beginn versteht das Kind nicht so ganz den Sinn dahinter, schließlich klappt das mit der Windel doch ganz gut, es wird also nicht intrinsisch motiviert sein. Manchen Eltern wird es irgendwann zu dumm und sie bestrafen das Kind, wenn es wieder in die Hose macht, statt auf das Töpfchen zu gehen. Aber was passiert dann beim Kind, es verbindet das Töpfchen mit etwas Schlechtem, etwas Bösem, schließlich wird man ja bestraft.

Eine weitere Möglichkeit wäre eine materielle Belohnung. Immer wenn du aufs Töpfchen gehst, bekommst du ein Gummibärchen. Das klingt im ersten Moment schon ganz gut, hat aber weniger mit erziehen, sondern viel mehr mit dressieren zu tun. Einem Hund gibt man auch ein Leckerli, wenn er etwas gut macht. Der Weg zu einer langfristigen Motivation sind das Lob und die Anerkennung, dadurch wird die extrinsische Motivation irgendwann zur intrinsischen Motivation. Wenn ich dafür ein Lob bekomme, muss es doch sinnvoll für mich sein, und wenn dem so ist, dann möchte ich es immer so machen.

Dieses Beispiel verdeutlicht in meinen Augen auch sehr gut die Probleme vieler Unternehmen, die Mitarbeiter zu motivieren. Ja, die müssen auch lernen, von alleine auf das Töpfchen zu gehen.

Ich hatte mal einen Chef, der nur über Druck und Bestrafung gearbeitet hat. Die Motivation der Mitarbeiter resultierte also aus der Angst, welche Folgen es nach sich zieht, wenn man etwas nicht schafft. Nachdem ich im Vertrieb tätig war und da auch Strategien und Kreativität wichtig sind, ist Angst vor Fehlern ganz sicher nicht der richtige Weg, um die Potenziale der Mitarbeiter vollständig zu nutzen, und letztendlich ist der Erfolg dann überschaubar. Erfreulicherweise gab es auch gute Führungskräfte auf den Ebenen dazwischen, die nicht alle den Druck einfach weitergegeben haben, sondern mit Lob, Anerkennung und Herausforderungen gearbeitet haben und sichtbar mehr Erfolg hatten.

Was sind die Grundlagen für Motivation?

Ich benötige die Kompetenz, die mir gestellte Aufgabe inhaltlich lösen zu können, und gleichzeitig darf ich nicht unterfordert werden. Beim Beispiel des kleinen Windelscheißers wäre der Versuch mit dem Töpfchen mit sechs Monaten vermutlich ein wenig früh, da hat das Baby noch nicht die Qualifikation, um auf das Töpfchen zu gehen. Der Misserfolg und damit die Demotivation wären vorprogrammiert. Das gilt auch, wenn ich von einem Arzt verlangen würde, er soll ein LAN-Netzwerk aufbauen. Wenn er da kein privat aufgebautes Hintergrundwissen hat, wird er überfordert sein und auch keine Lust haben, das zu tun.

Das Gegenteil, also die Unterforderung der Kompetenz ist ebenso ein Motivationskiller. Wenn ein ausgebildeter Arzt jeden Tag nur einen Verband nach dem anderen wechselt, fühlt er sich unterfordert und ist dann ebenfalls demotiviert.

Der zweite wichtige Punkt neben der Kompetenz ist die Anforderung. Kann ich die Aufgabe in der vorgegebenen Zeit und meinem körperlichen Zustand überhaupt schaffen? Im Vertrieb bekamen wir im Januar die Vorgaben für das Jahr. Wenn ich da schon abschätzen kann, das ist mit meinen Kunden und den zur Verfügung stehenden Produkten gar nicht machbar, dann ist man natürlich von Beginn an demotiviert. Aus der anderen Perspektive betrachtet gilt das natürlich ebenfalls. Sind die Zahlen oder die Anforderungen zu gering und kommen mehr oder weniger von alleine, dann ist die Motivation auch sehr niedrig. Daher ist es wichtig, die Anforderungen so zu gestalten, dass sie herausfordernd sind. Ideal ist es zudem, den Zeitraum nicht zu lange zu wählen. Wenn man nur einmal im Jahr ein Lob bekommt, ist das zu wenig, daher sind Zwischenschritte bei Zielen und auch bei Lob und Anerkennung sehr wichtig. Dann sorgt man dafür, dass die Motivation gleichbleibend hoch ist.

Letztendlich ist natürlich jeder für seine Motivation selbst verantwortlich, ich muss mir selbst Ziele setzen und mich auch mal selbst loben oder mich belohnen. Man darf nicht erwarten, dass die Motivation immer von außen kommt. Wer nur Höchstleistung in seinem Job abliefert, wenn er durch Ziele oder Anerkennung des Chefs dazu getrieben wird, wird keinen langfristigen Erfolg genießen, sondern immer wieder in Motivationslöcher fallen.

Um die Eigenmotivation hoch zu halten, empfehle ich, regelmäßig eigene Ziele zu setzen und dabei folgende Punkte jedes Mal zu bewerten:

1. Habe ich die fachliche Kompetenz, das Ziel zu errei- chen? Wenn nicht, kann ich mir diese Kompetenz aneignen oder benötige ich eine weitere Person, um das Ziel zu erreichen?

2. Kann ich das Ziel in dem Umfang oder der Menge im zeitlich vorgegebenen Rahmen schaffen?

3. Ist das Ziel zu klein oder zu schwach?

   Muss ich das Ziel erweitern oder den zeitlichen Rahmen enger schnüren, um zu handeln?

4. Was bekomme ich oder passiert, wenn ich das Ziel erreicht habe?

Zum Thema Ziele und wie man sie runterbrechen kann gibt es eine wunderbare kleine Geschichte im Buch „Safari des Lebens" von John Strelecky. Die Geschichte spielt in einem kleinen Dorf in Südafrika. Ein Mädchen spielt regelmäßig mit ihren beiden älteren Brüdern ein Spiel, in dem es darum geht, einen Ring über etwas zu werfen, und wer als Erster 10 Mal getroffen hat, hatte gewonnen. Das Mädchen spielte das sehr gerne, da sie häufig gegen ihre älteren Brüder gewann. Nur eines Tages saß sie am Rand und schaute lieber zu und die weise Ma Ma Gombe fragte sie, warum sie nicht mitspiele, sie könne das Spiel doch so gut.

Das Mädchen meinte, das Spiel ist sehr schwer und sie muss sich unheimlich anstrengen, um es zu schaffen, außerdem ärgert sie sich bei jedem Fehlwurf. Nur wenn sie am Ende als Erste 10 Mal getroffen hat, kann sie sich freuen. Aber wenn es dann wieder von vorne losgeht, ist die Freude nur sehr kurz. Daher macht das Spiel nicht so richtig Spaß.

Ma Ma Gombe, das ist die Hauptfigur in dem Buch, antwortete: „Warum freust du dich nicht bei jedem Mal, wenn du triffst. Du hättest, wenn du gewinnst 10 Mal so oft Freude und selbst wenn du verlierst, kannst du dich noch 6, 7 oder 8 Mal freuen. Wäre das nicht viel schöner und würde dann das Spiel nicht noch viel mehr Spaß machen?"

Genauso ist es in unserem Leben. Wie schlimm ist es, wenn wir uns nur jeden 10. Tag oder vielleicht noch seltener freuen? Wir müssen Motivationen finden, die es uns ermöglichen, sich häufiger zu freuen, Spaß zu haben und das Leben zu genießen. Je häufiger ich ein Ziel erreiche, also den Ring richtig werfe, umso motivierter werde ich.

Symptom/Ziele

- Ich habe keine Lust zu lernen.
- Ziel: Ich möchte einen guten Schulabschluss.
- Ich möchte diese Aufgaben im Job nicht machen. Ziel: Ich möchte auf der Karriereleiter weiterkommen.
- Ich möchte nicht täglich zehn Kilometer laufen. Ziel: Ich möchte Luft für 90 Minuten beim Fußball haben.
- Ich möchte nicht jeden Tag um 06:00 Uhr aufstehen. Ziel: Ich möchte am Abend Zeit für Freunde haben und daher früher anfangen.

Dies sind alles sehr allgemeine Ziele, je spezifischer sie sind, umso leichter wird es, mit ihnen motiviert zu sein und langfristig zu bleiben. Ein Kind lernt nicht für einen guten Schulabschluss, es lernt vielleicht, um die Anerkennung der Eltern zu bekommen. Das ist aber ein schlechtes Ziel. Wenn es aber den Schulabschluss benötigt, um den Traumberuf des Astronauten zu erlangen, dann ist es ein sehr starkes Ziel.

Motivation

- Ich möchte erfolgreich werden.
- Ich möchte besser werden als … (Wettbewerb).
- Auch wenn andere sagen, das geht nicht, ich schaffe es.

Blockaden

- Die Angst, es nicht zu schaffen
- Keinen interessiert was ich mache
- Alte Gewohnheiten – Ich habe es immer so gemacht oder das habe ich noch nie gekonnt.

Suggestionen

- Ich sehe mein Ziel ganz klar (visueller Anker) und mit jedem Atemzug wird es deutlicher und deutlicher. Ich bin geladen mit Energie und möchte mein Ziel erreichen und werde alles Nötige dafür tun.
- Ich ziehe ganz viel Kraft aus meinem Ziel, je öfter ich daran denke, umso stärker werde ich und umso leichter werde ich es erreichen.
- Immer wenn ich müde werde und meine Energie nachlässt, schließe ich einen kurzen Moment die Augen und sehe deutlich, wie ich mit erhobenen Händen durch das Ziel laufe.

Natürlich ist es auch bei diesen Suggestionen wieder möglich, Anker mit all unseren Sinnen zu verarbeiten. Wenn ich den Duft rieche, an meinem Daumen ziehe usw. und das Endziel kann auch etwas sein, das man geschafft hat, die Steuererklärung genauso wie die funkelnde Wohnung nach dem Putzen oder das fertig gemalte Bild.

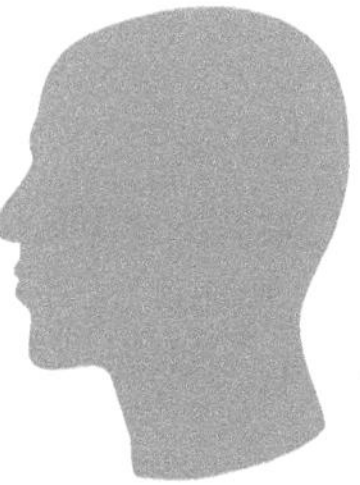

Das Schöne am Sport ist,

dass man auch zuschauen kann.

Stefan Wittlin (*1961)

LEISTUNGSFÄHIGER BEIM SPORT

Im Profisport sind Techniken aus dem autogenen Training, der Meditation und der Hypnose nicht mehr wegzudenken. Auch wenn man den Ball nicht mit Gedankenkraft bewegen kann, sind die richtigen Gedanken das Entscheidende auf dem Weg zum Erfolg. Dies gilt aber nicht nur für Profis, sondern für jeden Sportler, der besser werden möchte.

Selbsthypnose kann helfen, motivierter zu trainieren, aber auch konzentrierter beim Wettkampf zu sein oder nach einem Fehler oder einer Schwäche wieder stark zurückzukommen. Wie wir uns stärker motivieren können, haben wir schon betrachtet, daher möchte ich mich in diesem Kapitel vor allem um die Konzentration kümmern.

Im Sport gewinnen nicht immer die größten Talente oder die mit der besten Technik, sondern die mit dem besseren

„Kopf". Der mit 18 Major-Siegen erfolgreichste Golfprofi Jack Nicklaus stellte schon vor fast 50 Jahren fest, dass Golf nur 10 % technisches Können ist, dagegen 90 % mentale Stärke.

Dies ist auf jede Sportart übertragbar, wer Angst hat verliert, wer sich nicht überwinden kann, wird im Triathlon irgendwann einbrechen, und wer sich nach einem Fehler ärgert, wird einen weiteren Fehler machen. All das führt zu Niederlagen. Deshalb ist es für die meisten Sportler auch so wichtig, sich mit mentalem Training auf außergewöhnliche Herausforderungen vorzubereiten.

Ein Tennisspieler schlägt täglich hunderte Bälle, das Unterbewusstsein macht nach dem vielen Training die ganze Arbeit. Ein Tennisspieler muss nicht darüber nachdenken, wie er den Schläger halten muss, wann er durchziehen muss und an welcher Stelle er auf dem Schläger den Ball trifft. Das passiert alles vollautomatisch, ohne darüber nachzudenken. Sobald ein Spieler anfängt, darüber nachzudenken, wird er immer zu spät dran sein. Etwas bewusst zu machen hilft nicht, um es besser zu machen.

Ein sehr tragisches Beispiel war die Niederlage der Tschechin Jana Novotna im Wimbledon Finale 1993 gegen Steffi Graf. Sie spielte bis in den 3. Satz und zu einer 4:1 Führung fast perfektes Tennis. Den eigenen Spielball zum 5:1 vergab sie mit einem Doppelfehler und man konnte sehen, wie ihr Arm regelrecht zitterte. Beim Stand von 4:3 und 30:15 verlor sie ihren Aufschlag mit drei Doppelfehlern bei den folgenden vier Punkten. Was ist da passiert, warum konnte sie ihr fast perfektes Spiel an dem Nachmittag nicht weiter durchziehen?

Ich habe das Spiel damals gesehen und da ich selbst sehr viel Tennis spielte, konnte ich auch mitfühlen, wenn auch auf einem anderen Niveau. Sie hat offensichtlich begonnen, über ihre Schläge nachzudenken, sie wollte all das, was ihre Trainer ihr beigebracht haben, zu 100 % umsetzen. Dafür ist unser Gehirn nicht gemacht, die Bälle und unsere Bewegungen sind viel zu schnell, um sie bewusst machen zu können. Auf dem Niveau der Weltklasse ist es nicht mehr möglich mitzudenken, aber auch auf niedrigerem Niveau können wir nicht bewusst agieren. Ein Tennisspieler, der seinen Gegner lobt und ihn fragt, wie er diese tolle Rückhand spielt, wird in den meisten Fällen seinen Gegner dazu bringen, dass er dann darüber nachdenkt. Die Folge ist, er wird die Rückhand nicht mehr so spielen wie vorher, er denkt dann darü- ber nach und ist zu spät mit seinem Schwung dran. Dies ist auch sehr leicht auf viele andere Sportarten übertragbar, der Ablauf muss vollautomatisch passieren.

Sehr spannend finde ich immer die Aussage von Fußballtrainern, „Elfmeterschießen kann man nicht trainieren". Die Trainer meinen, dass man ganz alleine vor 80.000 Zuschauer an den Punkt geht und im Mittelpunkt steht und nur versagen kann.

Im Umkehrschluss würde das auch bedeuten, dass man Golfspielen nicht trainieren kann, die sind bei jedem einzelnen Schlag alleine und im Mittelpunkt. Ich habe mal einen Golfprofi gefragt, wie oft er davon ausgeht, dass er bei 20 Versuchen mit dem Golfball genau das Eck eines Tores treffen würde. Seine Antwort war sofort 20 Mal und da macht er auch keinen Unterschied, ob im Training oder im Turnier mit Zuschauern.

Warum kann das ein Golfspieler und warum nicht auch ein Fußballer? Es liegt am Training und wie man sich auf einen einzelnen Schlag oder Schuss vorbereitet. Ein Golfer hat ein festes Ritual, wie er den Ball hinlegt, wie er sich hinstellt, zur Probe durchzieht, bevor er tatsächlich schlägt. Er weiß auch schon vorher, wo der Ball landen soll. Dagegen hat ein Fußballer diese Situation selten, er geht von der Mittel- linie zum Elfmeterpunkt, überlegt sich währenddessen, wo er gerne treffen möchte, schlimmstenfalls entscheidet er sich auch noch mehrfach um oder überlegt was passiert, wenn er nicht trifft. Das alles hilft nicht, um zu treffen, sondern eher, nicht zu treffen.

Wie kann ein Fußballer Elfmeter trainieren? Er muss es vor allem trainieren! Nicht in einer Spaßrunde, sondern so ernsthaft wie ein Golfspieler in der Driving Range. Es benötigt das tägliche Training und die immer wieder gleichen Abläufe und am besten auch das gleiche Ziel. Wenn ich aus elf Metern Entfernung den Ball sicher im oberen Eck verwandeln kann, ist er unhaltbar, also muss ich es so oft trainieren, dass der Ball immer genau dort landet, wo ich es möchte. Bestes Beispiel ist Ronaldo bei seinen Freistößen. Er streichelt und dreht den Ball, dann legt er ihn ab, geht vier Schritte nach hinten und stellt sich wie ein Revolverheld hin und wartet auf den Pfiff. Für den Zuschauer ist das viel- leicht amüsant, für ihn genau das Ritual, um immer wieder die gleichen Abläufe zu verinnerlichen und den Ball genauso zu treffen wie tausende Male im Training. Er macht genau das, was auch ein Golfspieler macht, und der Erfolg gibt ihm recht.

Ein festes Ritual ist auch nichts anderes als eine Selbsthypnose, man kommt in eine Trance und kann dabei das abrufen, was man gespeichert hat, und diese Trance hilft in der Folge, alles von außen abzuschalten.

Um die Wirkung noch zu verstärken, kann man dieses Ritual mit etwas Positivem verbinden, einem Anker, der uns in ein anderes, ein positives Gefühl gleiten lässt:

„Jedes Mal, wenn ich das Ritual ausführe, wird es ganz ruhig um mich, ich konzentriere mich nur auf mich selbst, mein Herz schlägt in einem für mich angenehmen ruhigen Rhythmus, ich atme tief und fest ein und wieder aus und dabei entstehen Bilder. Bilder von dem Moment, wo ich etwas ganz Besonderes geschafft habe. Und während ich diese Bilder des Erfolges sehe, spüre ich die Zuversicht, Bäume ausreißen zu können, nichts kann mich schlagen. Ich bin zu 100 % bei mir, 100 % Konzentration, 100 % Erfolg. Ich freue mich, diesen Schuss machen zu dürfen."

Dies lässt sich auf fast jede Sportart und jede Spielklasse übertragen. Wer mental stark ist, wird automatisch besser werden, da er die Trainingsleistungen auch im Wettkampf umsetzen kann.

Wie man mit Fehlern umgeht, möchte ich anhand des Golf- sports erklären. Golf ist ein technisch sehr schwerer Sport und selbst bei den allerbesten Profis landet der Ball mal im Wasser oder im Wald. Bei Amateuren natürlich noch viel häufiger.

Die normale Reaktion, man ärgert sich über den schlechten Schlag und die Folge des Ärgers führt zu weiteren schlechten Schlägen. Diese Abwärtsspirale lässt sich wieder auf jede andere Sportart übertragen, ein Fehlpass, ein Doppelfehler, ein Fehlschuss beim Biathlon oder ein schlechter Schwung beim Skifahren lösen die ungewollten negativen Gedanken aus.

Die Lösung in so einem Fall ist das Verknüpfen eines positiven Erlebnisses mit einem Anker. Mein Ball landet im Wald, ich ärgere mich. Auf dem Weg zum nächsten Schlag muss ich mich jetzt wieder in einen positiven State bringen. Ich verknüpfe in meinem Ritual noch eine bestimmte Tätigkeit. Das kann ein Ziehen am Ohr sein oder am kleinen Finger, es kann ein Talisman sein, den ich in der Hosentasche dabei habe, ein Bild, das ich mir mit geschlossenen Augen vorstelle, oder auch ein Kaugummi, auf dem ich kaue.

Für mein Suggestionsbeispiel nehmen wir eine Münze als Glücksbringer. Als Erstes benötigt man ein besonders gutes Erlebnis, beim Golfspieler kann das ein besonders guter Schlag sein, beim Skifahren die Fahrt durch das Ziel oder beim Biathlon eine perfekte Schießeinlage.

Dieses Erlebnis muss jetzt mit dem Glücksbringer verknüpft werden:

„Immer wenn ich die Münze in meiner rechten Hand spüre, fühle ich das positive Gefühl, das ich erlebt habe, als ich den Ball aus dem Wald direkt ins Loch befördert habe und dann das Turnier gewonnen habe. Ich spüre diese Zufriedenheit und diesen Siegeswillen, den ich bei diesem Schlag hatte. Ich fühle mich gut und wenn ich jetzt tief durch die Nase einatme und durch den Mund wieder ausatme, spüre ich die Kraft und Energie, alles erreichen zu können.“

Diese Suggestion muss in der Selbsthypnose tief verankert werden. Danach ist sie bei allen zukünftigen Zwischenfällen abrufbar und man geht an den nächsten Schlag mit einem guten Gefühl.

Symptom/Ziele

- Ich möchte mein Handicap verbessern.
- Ich möchte mich um 20 Sekunden auf 5.000 Meter verbessern.
- Ich möchte acht von zehn Körben treffen.
- Ich trainiere jeden Tag drei Stunden, um immer besser zu werden.

Motivation

- Ich möchte mich für die Deutschen Meisterschaften qualifizieren.
- Ich möchte Vereinsmeister werden.
- Ich möchte Profi werden.

Das Ziel und die Motivation sind gerade für Sportler sehr wichtig, es muss einen Grund geben, dass ich trainiere. Wenn ich weiß, dass ich mich um eine Sekunde verbessern muss, um die Qualifikationszeit für die Deutschen Meisterschaften zu schaffen, dann ist die Zeit das Ziel und die Motivation ist die Teilnahme an der Meisterschaft.

Blockaden

- Alle anderen sind viel besser.
- Ich möchte nicht, dass jemand zuschaut.
- Immer wenn ich führe, werde ich nervös.
- Immer wenn der Ball im Wald liegt, ist auch der nächste Schlag schlecht.

Suggestionen

- Wenn ich müde werde und meine Muskeln sich schlapp anfühlen, atme ich tief ein und beim Ausatmen spüre ich, wie die Kraft zurückkommt.
- Wenn ich in den Boxring (oder auf die Judomatte) gehe, spüre ich die Kraft und Energie, die in mir hochsteigen. Ich bin hoch konzentriert, mich kann nichts ablenken, ich habe nur noch ein Ziel, meinen Gegner zu bezwingen.
- Ich stelle mir genau vor, wie ich am morgigen Tag laufe. Wie ich nach fünf Kilometern Wasser aufnehme, wie ich nach zehn Kilometern eine Banane esse, wie ich nach 25 Kilometern zusätzliche Energie verspüre. Ich werde stark sein und nach 42 Kilometern mit erhobenen Armen durch das Ziel laufen. Und immer

wenn ich auf der Strecke müde werde, stell ich mir vor, wie ich mit erhobenen Armen durch das Ziel laufe, und ich spüre, wie dann neue Energie freigesetzt wird.

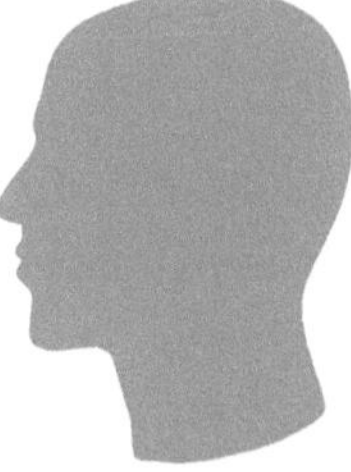

Die Liebe ist ein Naturereignis,

die Partnerschaft eine Menschenkunst.

Prof. Querulix (*1946)

PARTNERSCHAFT

> Sie: „Du hast mir schon lange nicht mehr gesagt, dass du mich liebst."
>
> Er: „Das hatte ich doch auf dem Standesamt erwähnt, wenn sich etwas geändert hätte, hätte ich dir schon Bescheid gegeben."

So oder so ähnlich fühlen sich viele nach einer langjährigen Partnerschaft. Man schenkt sich zu wenig Aufmerksamkeit, man redet nicht mehr miteinander und alles, was der Partner macht, ist falsch. Das war sicherlich nicht immer so, sonst wäre es vermutlich nie zu einer Partnerschaft gekommen.

Der Anfang einer Beziehung ist die Zeit der Schmetterlinge im Bauch, wir sind verliebt und wenn wir mit unserem Partner zusammen sind, befinden wir uns in Trance. Dieser Verliebtheitszustand ist durchaus vergleichbar mit einer leichten Hypnose. Wir machen Dinge, die wir sonst nicht tun würden, und wir übersehen Macken bei unserem Partner, die uns normalerweise stören würden, wir befinden uns auf Wolke 7 und genießen die Zeit. Man ist achtsam, präsentiert sich von der besten Seite und passt auf seinen Partner auf.

Leider hält dieser „hypnotische Zustand" nur ein paar Monate. Die Schmetterlinge fliegen nicht mehr und die rosarote Brille wird langsam wieder klarer. Man erkennt die ersten Fehler des Partners.

Was vorher alles super war, wird langsam alltäglich und plötzlich verwandelt sich der Traumprinz zurück zur Kröte.

Verwandelt er sich wirklich? Nein, wir nehmen den Partner nur mit der Zeit wieder anders wahr. Wir sind raus aus dem

Tunnel und können die Welt wieder so erkennen, wie sie wirklich ist. In dieser Phase versuchen wir, den Partner zu verändern, er soll gefälligst wieder zum Prinzen werden. In dieser Zeit merken die meisten Paare, ob sie wirklich zusammenpassen. Eine Beziehung ist ein Leben mit Kompromissen, den perfekten Partner für jeden Zeitpunkt im Leben wird es so nicht geben. Jeder Mensch hat seine Stärken und natürlich auch Schwächen und damit muss man sich entweder arrangieren oder erneut auf die Suche gehen.

Die dritte Phase einer Beziehung, die oftmals nach drei Jahren einsetzt, ist das Hinterfragen. Ist es der richtige Partner, möchte ich mit diesem Menschen mein ganzes Leben verbringen? Wer in dieser Phase zweifelt, wird nicht mehr den wahren Menschen sehen, sondern nur noch das Negative in ihm oder ihr. Jetzt fällt es uns schwer, die Macken zu akzeptieren, und der Gedanke an die Trennung wird stärker. Wir überlegen, ob es der richtige Partner für uns ist.

Übersteht die Beziehung auch die dritte Phase, ist die Chance groß, dass es eine lange und tiefe Liebe wird. Wir haben zu dem Zeitpunkt verstanden und akzeptiert, dass wir den Partner nicht ändern können, wir müssen das lieben, was vorhanden ist, und uns mit den Fehlern arrangieren.

Diese Phasen hat vermutlich jeder durchgemacht, der schon in einer langjährigen Beziehung war. Die Hypnose kann jetzt helfen, die Partnerschaft aktiv und glücklich zu halten, indem man die rosarote Brille wieder aufsetzt.

In der hypnotischen Sprache arbeiten wir mit Suggestionen und dies können wir aktiv in unser Zusammenleben einbauen. Fühle dich in deinen Partner ein und lobe ihn, bedanke dich, mach ihm Komplimente und zeige, dass dir auffällt, was er tut. Das können ganz einfache Dinge sein wie das Bügeln deiner Hemden oder wenn der Partner die schweren Mülltonnen vor die Tür schiebt. Wichtig ist, es muss ehrlich sein.

Jedes Lob, jede aufmerksame Reaktion ist eine Suggestion für die Zukunft. Meinem Partner fällt auf, was ich mache, er freut sich darüber. Mit einem Danke ist es auch möglich, langfristig Verhaltensänderungen herbeizuführen. Wenn du dich ärgerst, dass er überall seine Socken rumliegen lässt, bedanke dich, wenn er sie wegräumt. Irgendwann macht es klick bei ihm und er versteht, dass er dir damit etwas Gutes tun kann und dafür auch noch gelobt wird. Wenn du allerdings schimpfst, dass überall die Socken rumliegen, dann ist das zukünftig negativ besetzt und das Wegräumen ist zwar eine Vermeidungsstrategie, um dem Ärger zu entgehen, aber kein wirkliches Lernen.

Auch bei einer Partnerschaft ist es wichtig, sich immer wieder zu hinterfragen, wie kann man es besser machen, welche gemeinsamen Ziele habe wir und was möchten wir noch zusammen erleben. Welche Motivation haben wir, das anzugehen, und was könnte uns daran hindern, welche Blockaden haben wir?

Die Suggestionen sollten am besten gemeinsam erarbeitet werden. Ich empfehle ein gemeinsames positives Mantra oder eine Affirmation, die man in Krisenzeiten einsetzen kann.

Suggestionen

- Wir klären Unstimmigkeiten, indem wir ein Herz aus unseren Händen formen. Sobald wir beide es tun, sind wir bereit, uns mindestens 60 Sekunden fest in den Arm zu nehmen. Wir atmen ganz tief und dabei wird unser Puls ruhiger, wir verstehen unseren Partner und spüren gemeinsam den Zusammenhalt.
- Ich akzeptiere meinen Partner wie er ist und ich trage das wunderbare Gefühl der Liebe und Harmonie in mir.

- Immer wenn mir etwas nicht gefällt, drücke ich meinen Daumen und Zeigefinger der linken Hand fest zusammen. Ich spüre dann die tiefe Liebe und stell mich der Herausforderung, das Problem gemeinsam zu lösen.

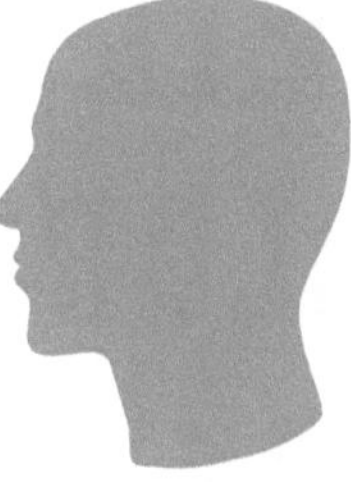

Wer seinen Weg geht,

dem wachsen Flügel.

Zen (5. Jahrhundert)

TEIL 3
ERFOLGREICH UMSETZEN

Das Ziel meiner Seminare beziffere ich nicht nach der Anzahl der Teilnehmer oder meinen Einnahmen, sondern ob ich es geschafft habe, die Teilnehmer auf die Umsetzung vorzubereiten, dass sie sofort loslegen können. Das ist auch mein Anspruch an das Buch. Ich wünsche mir, dass du das Heft des Handelns in deine Hände nimmst und loslegst.

Die Informationen, wie wir funktionieren und wie wir auf unser Unterbewusstsein zugreifen können, sind sicherlich spannend, viel wichtiger ist es aber, es zu tun. Im letzten Kapitel möchte ich dir meine Sicht auf das Thema Erfolg anhand einer Geschichte erzählen und dir zeigen, wie du dein neu gewonnenes Wissen Schritt für Schritt für dich umsetzen kannst.

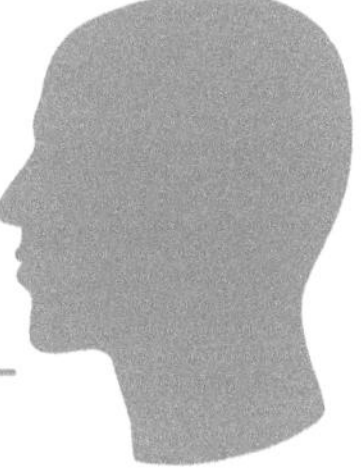

Wir sind nicht nur verantwortlich für das, was wir tun, sondern auch für das, was wir nicht tun.

Molière (1622-1673)

KAPITEL 8
ERFOLG

Die folgende Geschichte begleitet mich schon seit sehr vielen Jahren, da sie auf so einfache Weise zeigt, wie wir funktionieren und wie wir das Wissen für unseren persönlichen Erfolg einsetzen können.

Es geht um die wahre Geschichte von Sir Roger Bannister, einem englischen Mittelstreckenläufer in den 1950er Jahren. Er schaffte es, 1954 als erster Mensch die Traummeile zu laufen. Die Medien schrieben damals von einem Wunder. Roger Bannister ist im März 2018 gestorben, aber er wird als Legende ganz sicher weiterleben und ich werde diese Geschichte noch häufig erzählen.

Drehen wir die Zeit zurück. Am Ende des Zweiten Weltkrieges hat Roger Bannister mit 17 Jahren, also sehr spät, mit dem Laufen begonnen. Die ersten Erfolge stellten sich schnell ein, er war sicherlich ein Naturtalent. Bereits vier Jahre später, mit 21 Jahren, holte er seine erste Medaille über 800 Meter bei Europameisterschaften und stieg damit zur Weltspitze auf. Nach einem unglücklichen 4. Platz bei den

Olympischen Spielen 1952 über 1.500 Meter setzte er sich das Ziel, als erster Mensch die englische Meile, das sind ca. 1.609 Meter, unter vier Minuten zu laufen.

Das Besondere an dem Vorhaben war, es galt als unmöglich, das zu schaffen. Schon seit den 1920er Jahren beschäftigten sich die Zeitungen damit, ob es jemals gelingen könnte, die Meile unter vier Minuten zu laufen. Egal wie viele Läufer es in den 1930er Jahren auch versuchten, sie scheiterten immer wieder und Ärzte meinten, dass der menschliche Körper für diese Belastung nicht geschaffen wäre, er würde kollabieren.

Die Sportler haben mit der Zeit akzeptiert, dass es ist nicht möglich ist. Bis ein junger englischer Medizinstudent kam und sich das Ziel setzte, diese Schallmauer zu durchbrechen. Roger Bannister analysierte und hinterfragte die Trainings- methoden und trainierte daraufhin nicht, wie damals üblich, mit langen Dauerläufen, sondern viel auf Schnelligkeit und Spritzigkeit. Dies war auch ein wenig seinem Studium geschuldet, da er nebenbei noch lernen musste und nicht so viel Zeit zum Trainieren hatte. Außerdem ließ er sich von seinem Ziel nicht abbringen, er wollte nicht der x-te Läufer sein, der es nicht schafft, sondern er wollte der erste Sportler sein, der es schafft.

Am 6. Mai 1954 war es soweit, Roger Bannister zeigte der Welt, dass es möglich ist. Er lief die Traummeile in 3 Minuten und 59,4 Sekunden.

Die Originalbilder findet ihr auf YouTube:

https://youtu.be/9JxNY-G6LUM

Das wirklich Spannende geschah aber erst nach diesem spektakulären Lauf. Die Schallmauer wurde durchbrochen und sein Weltrekord hielt gerade mal einen Monat. Der Australier John Landy unterbot ihn um weitere zwei Sekunden und in den nächsten zwölf Monaten kamen insgesamt sieben Läufer unter vier Minuten ins Ziel.

Es war 30 Jahre niemandem möglich, die Traummeile zu laufen, und nachdem diese Blockade, die im Kopf der Läufer war, von Bannister zerstört wurde, schafften sieben Läufer innerhalb kürzester Zeit, die Marke zu unterbieten.

Es lag sicher nicht am Essen, am Training, an den Laufbahnen oder den Schuhen, es war eine Blockade im Kopf, die es verhindert hat, dass vorher ein Läufer diese Schallmauer durchbrochen hat.

Es waren die immer wiederkehrenden Aussagen, es geht nicht, es ist nicht zu schaffen, der menschliche Körper ist dafür nicht gemacht. Zu Beginn von der Presse, dann natürlich von den Fans, den gescheiterten Athleten und am Ende auch noch von der Wissenschaft. Roger Bannister hat sich aber nicht damit, wie es nicht geht, aufgehalten. Er hat Strategien entwickelt, mit denen er sein Ziel verfolgt und auch erreicht hat. Er hat sich nicht gefragt, ob es möglich ist, sondern er hat einen Weg gesucht, wie er es schafft. Er hat sein Unterbewusstsein mit seinem Ziel und all dem Positiven gefüttert und nicht mit den Zweifeln. Er hat mehr auf Schnellkraft trainiert und als erster Leichtathlet überhaupt zwei Tempomacher eingesetzt und damit am Ende die Mauer eingerissen, die 30 Jahre von all den anderen aufgebaut wurde.

Die meisten Menschen neigen dazu, immer alles zu sehen, was wir nicht können oder nicht schaffen. Das Ziel muss aber sein zu sehen, was wir erreichen wollen. Warum soll ich mich damit beschäftigen, was nicht geht oder andere behaupten, dass es nicht geht?

Konnte Roger Bannister sagen, wir lassen die Uhr langsamer laufen oder die Meile ist jetzt 50 Meter kürzer? Sicherlich nicht. Die Fakten und die Vorgaben kann man nicht verschieben, aber ich kann mich damit beschäftigen, wie ich dieses erreiche, und das geht ganz sicher nicht mit dem Satz

„Das geht nicht".

Diese Blockaden, Mauern und „geht nicht" Argumente müssen raus aus dem Kopf. Füttere dein Unterbewusstsein mit Strategien, wie man das Ziel erreicht. Stell dir das Erlebnis am Ende vor, wenn du es geschafft hast. Verbünde dich vor allem nicht mit den Pessimisten, sondern genieße die Zeit mit den Optimisten. Sie werden dir helfen, deine persönlichen Ziele zu erreichen.

Was möchtest du erreichen? Nimm dir Zeit und überlege, wo du hin möchtest, und zwar nicht zu klein, sondern wirkliche Wünsche und Träume, die du hast. Dann mach es wie Bannister und frage dich, wie du das Ziel erreichen kannst. Erarbeite dir eine Strategie mit kleinen Etappen bis zum großen Ziel. Bannister konnte die Traummeile auch nicht sofort laufen. Zunächst musste er laufen, dann konnte er erste Erfolge erzielen, analysieren was ist gut und was noch nicht, anschließend verbessern und weiterlaufen. Es ist ein Prozess mit Höhen und Tiefen und vor allem wieder neuem Lernen. Es verlieren nur diejenigen, die sich bei einem Tief sagen „wusste ich doch", der Weg heißt aber aufstehen und weitermachen.

Füttere dein Unterbewusstsein immer wieder mit dem Ziel und auch den Schritten dorthin und spreche mit deinen positiven Unterstützern aus deinem Umfeld darüber. Die Zweifler und Pessimisten musst du außen vor lassen, die helfen dir nicht, das Ziel zu erreichen, sondern nur, es nicht zu erreichen und das möchtest du hoffentlich nicht.

Die Geschichte von Roger Bannister zeigt auch, dass ein Ziel nicht zu groß sein kann, der Weltrekord für die Meile liegt jetzt bei 3:43 Minuten. Lassen wir Sir Roger Bannister noch mal zu Wort kommen:

**„Mein Lauf wurde zu einem Symbol dafür,
eine Herausforderung anzunehmen.
Ich sehe diesen Weltrekord gerne als eine Metapher
nicht nur für den Sport, sondern für das Leben
und seine Herausforderungen.
Ich freute mich immer darauf, dass ich vielen Läufern
nach mir das Unmögliche möglich erscheinen ließ
und sah auch, wie sie es dann schafften."**

Roger Bannister (1929-2018)

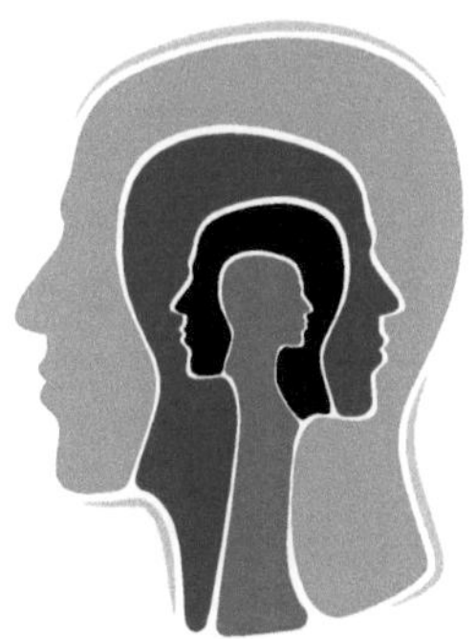

KAPITEL 9
MEIN PLAN FÜR DIE ZUKUNFT

Nachdem du jetzt den Weg in die Trance kennst und weißt, welche Probleme du angehen und wie du deine Ziele bearbeiten kannst, ist der letzte Schritt nur noch, es zu tun. Es ist völlig gleichgültig, für welche Methode du dich entscheidest. Wichtig ist, du musst sie üben. Ich empfehle, sich zwei bis drei Wochen jeweils fünf Minuten Zeit am Tag zu nehmen, um den Ankerort kennenzulernen und in Trance zu gelan- gen. Das gilt auch für die anderen Methoden.

Wiederholungen festigen die Informationen in unserem Unterbewusstsein, ebenso den Weg in die Trance. Du wirst merken, dass es dir mit jedem weiteren Versuch immer leichter fallen wird, einen stabilen Trancezustand zu erreichen.

Wenn du Musik dabei hören möchtest, entscheide dich für eine angenehm klingende Musik. Sie wird dir helfen, dein zentrales Nervensystem langsam runterzufahren.

VORSATZ

einen ruhigen Platz suchen	tief atmen und Augen schließen	evtl. Musik hören

EINLEITUNG

3 x sehen, 3 x hören, 3 x fühlen

2 x sehen, 2 x hören, 2 x fühlen

1 x sehen, 1 x hören, 1 x fühlen

WIRKUNGSTEIL

den Ankerort in der Fantasie weiter wachsen lassen

AUSLEITUNG

„Ich zähle bis drei und auf drei nehme ich eine erfrischende Dusche und bin hellwach!“

ABB. 4: VIER SCHRITTE IN DIE TRANCE

Nach ca. zwei bis drei Wochen Übungszeit wird deine Trance stabil sein und du kannst beginnen, mit deinen Suggestionen zu arbeiten. Nimm dir ausgiebig Zeit an einem ruhigen Ort und informiere deine Mitbewohner, dass du die nächste Zeit nicht gestört werden möchtest. Erstelle dir für deine Ziele eine möglichst spezifische und detaillierte Liste. Du musst wissen, woran du arbeiten möchtest. Schreibe dir dazu ein Skript von der Einleitung bis zur Ausleitung.
Du kannst dieses Skript während deiner Trance lesen oder vorab aufnehmen und ablaufen lassen. Sprich dabei langsam und sanft, wie du es als angenehm empfindest.
Wenn es dir zu Beginn schwerfällt, dich in eine tiefe Trance zu versetzen, kannst du die von mir gesprochene Hypnose nutzen. Du lernst den Zustand immer besser kennen und es fällt dir zukünftig leichter, von alleine in den Zustand der Trance zu gelangen.

VORSATZ

einen ruhigen Platz suchen	tief atmen und Augen schließen	evtl. Musik hören

EINLEITUNG

3 x sehen, 3 x hören, 3 x fühlen

2 x sehen, 2 x hören, 2 x fühlen

1 x sehen, 1 x hören, 1 x fühlen

den Ankerort nutzen

WIRKUNGSTEIL

Eigene Suggestionen jeweils 3 x laut sprechen

AUSLEITUNG

„Ich zähle bis drei und auf drei nehme ich eine erfrischende Dusche und bin hellwach!“

ABB. 5: VIER SCHRITTE ZUM ERFOLG

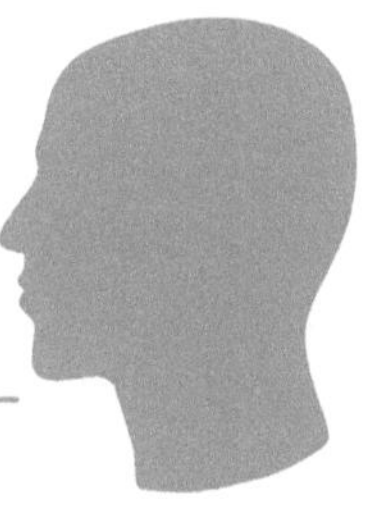

Trenne dich nie von deinen Träumen.

Wenn sie verschwunden sind,

wirst du zwar weiter existieren,

aber aufgehört haben, zu leben.

Mark Twain (1835-1910)

NACHWORT

Ich habe dir jetzt all meine Erfahrungen und Strategien zum Thema Selbsthypnose mitgegeben. Für mich ist das Thema ein Herzensprojekt, da ich der festen Überzeugung bin, dass wir wieder lernen müssen, mit uns selbst und auch mit anderen umzugehen.

Unsere Welt entstand vor ungefähr 4.600.000.000 Jahren. Von Beginn an entwickelte sie sich sehr langsam von den ersten Bakterien bis zu unseren ersten direkten Vorfahren vor ca. 4.200.000 Jahren. Den ersten Homo sapiens gab es vor 300.000 Jahren und erst vor 40.000 Jahren den Homo sapiens sapiens, also uns.

Auch danach ging es mit der Evolution nur gemächlich weiter, bis wir mit der Industrialisierung vor ca. 200 Jahren langsam Fahrt aufgenommen haben. Aber aus der Perspektive der heutigen Digitalisierung ging zwar die Entwicklung schneller vonstatten und war sicherlich auch mit dem einen oder anderen Fortschritt verbunden, jedoch hat die heute sehr hohe Lebensgeschwindigkeit erst vor ungefähr 20-30 Jahren begonnen.

Der Grund für den langsamen Prozess in der Evolution ist einfach zu finden, es ist ein Weg über viele Generationen. Erst in den letzten 200 Jahren ist die technische Entwicklung schneller als der Sprung von Generation zu Generation. Aber auch wenn wir uns anpassen können, ist unser Gehirn für diese Geschwindigkeit und diese unglaubliche Fülle an neuen Innformationen noch nicht gemacht.

Microsoft veröffentlichte 2015 eine Studie, die zeigen soll, wie lange ein Mensch aktiv aufmerksam ist. Aus der Studie geht hervor, dass wir zur Jahrtausendwende noch zwölf Sekunden aufmerksam waren und sich diese Aufmerksamkeitsspanne bis 2013 auf acht Sekunden reduzierte. Wir können also nur noch acht Sekunden konzentriert bei der Sache bleiben, ansonsten lassen wir uns von den Medien, Social Media, Chats, Messenger und vielem mehr ablenken.

Das wirklich Erschütternde und der Grund, warum die Studie weltweite Aufmerksamkeit erhielt, ist der Vergleich mit einem Goldfisch. Ein Goldfisch kann scheinbar neun Sekunden aufmerksam sein, also länger als wir Menschen.
Ob diese Studie wirklich der Realität entspricht oder Microsoft gezielt die Öffentlichkeit erreichen wollte, ist nicht entscheidend. Viel wichtiger ist, die Richtung zu erkennen und selbst zu entscheiden, welchen Weg man gehen möchte. Es ist sicherlich nicht jedem möglich, aus dem Hamsterrad auszusteigen, aber man kann selbst entscheiden, in welchem Tempo es sich bewegt. Die Selbsthypnose ist eine Möglichkeit, um dem Alltag zu entfliehen und sich selbst zu entschleunigen. Der erste Schritt ist, wieder auf sich selbst zu achten. Wenn wir dafür wieder Zeit finden, werden wir automatisch auch wieder mehr auf unsere Mitmenschen achten.

Ich wünsche dir auf diesem Weg alles Gute. Schau auf dich, bleib dran und lebe dein Leben wie du es möchtest.

Alexander Schelle

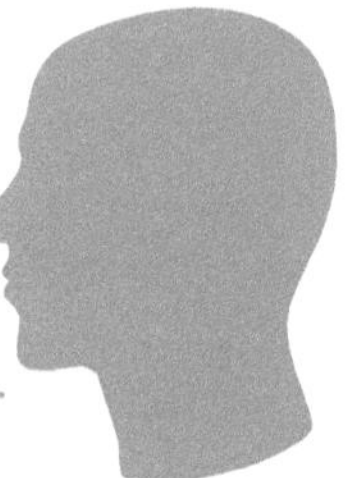

Wer seinen Weg geht,

dem wachsen Flügel.

Zen (5. Jahrhundert)

Du hast Spaß an der Hypnose gefunden, es fällt dir aber noch schwer eigene Texte zu formulieren? Aus diesem Grund biete ich neben der Selbsthypnose auch themenspezifische Audio-Hypnosen und Online-Kurse an.
Folgende Themen sind bereits online oder werden in naher Zukunft angeboten:

- Der Weg zum Wunschgewicht
- Endlich Nichtraucher
- Besser schlafen
- Lampenfieber genießen
- Motiviert lernen
- Mit Spaß in die Prüfung
- Motiviert Sport treiben
- Wechseljahre
- Immunsystem stärken
- Power Nap
- Mit Freude fliegen
- Kein Problem mit Höhe
- Spaß mit Spinnen uvm.

Weitere Informationen und immer wieder neue Angebote erhältst du in meinem Newsletter oder auf unserer Seite:

www.change-your-mind.academy

BONUS AUDIOHYPNOSE

Um sofort mit einer Hypnose zu starten und das Erlebnis Trance zu fühlen, habe ich zwei Audiohypnosen für dich zum Download bereitgestellt. Das ist zum einen die im Text schon mehrfach erwähnte Hypnose „Hypnoenergie", die ich selbst seit Jahren für mich nutze, und eine Hypnose, damit du dein Ankerbild findest und zukünftig damit arbeiten kannst.

Die Hypnosen zu diesem Buch erhälst du als mp3-Download im Bonusbereich unter folgender Internetseite:

https://www.change-your-mind.academy/selbsthypnose-buch/

LITERATURVERZEICHNIS

Ahlfeld, Ben/Strobl, Stefan. (2010). Moderne Hypnose – Ketten sprengen. Verhalten verändern. Books on Demand.

Alman, Brian M./Lambrou, Peter T. (2019)). Selbsthypnose – Ein Handbuch zur Selbsttherapie. Heidelberg: Carl-Auer Verlag GmbH.

Bandler, Richard. (2010). Leitfaden zur Transformation. Make Your Life Great. Bookmark NLP.

Becker, Jan. (2017). Du kannst schaffen, was du willst: Die Kunst der Selbsthypnose. München: Random House Audio.

Gerzeskowitz, Ilja. (2011). Impromptu Hypnose – Die Kunst, jederzeit und überall hypnotisieren zu können. München: mvg Verlag.

Grindler, John/Bandler, Richard. (2007). Therapie in Trance – Die Struktur hypnotischer Kommunikation. Stuttgart: Klett- Cotta.

James, Tad/Flores, Lorraine/Schober, Jack. (2001). Kompaktkurs Hypnose – Wie man Phänomene tiefer Trance hervorruft. Ein umfassender Leitfaden. Paderborn: Junfermann Verlag.

Schütz, Gerhard. (1997). Hypnose in der Praxis – Über das Phänomen der Trance. Paderborn: Junfermann Verlag.

Simon, Ingo Michael. (2013). Selbsthypnose – Das Praxisbuch.

Trenkle, Bernhard. (2005). Die Löwen-Geschichte – Hypnotisch-metaphorische Kommunikation und Selbsthypnosetraining. Heidelberg: Carl-Auer Verlag GmbH.

WEITERE LITERATUR „OUT OF THE BOX"

Dispenza, Joe. (2012). Ein neues Ich. Wie Sie Ihre gewohnte Persönlichkeit in vier Wochen wandeln können. Dorfen: Koha Verlag.

Dispenza, Joe. (2014). Du bist das Placebo. Bewusstsein wird Materie. Dorfen: Koha Verlag.

Eagleman, David. (2012). Inkognito. Die geheimen Eigenleben unseres Gehirns. Frankfurt am Main: Campus Verlag.

Eichler, Hans. (2018). Die verblüffende Macht der Sprache. Was Sie mit Worten auslösen oder verhindern und was Ihr Sprachver- halten verrät. Wiesbaden: Springer.

Jodorowsky, Alejandro. (2011). Praxisbuch der Psychomagie – Rituelle Akte zur Selbstbefreiung und Heilung. Aitrang: Windpferd.

Kandel, Eric. (2018). Was ist der Mensch? Störungen des Gehirns und was sie über die menschliche Natur verraten. München: Siedler Verlag.

Rappmund, Eike. (2014). Praxis-Handbuch Manipulation – Mentalmagie aus der Welt der Hirnforschung, Psychologie und Hypnose. tredition.

QUELLEN

[1] vgl. Chun Siong Soon, Marcel Brass, Hans-Jochen Heinze und John-Dylan Haynes: „Unconscious determinants of free decisions in the human brain", in: Nature Neuroscience (April 2008).

AUTOR

Das Interesse an der Psyche und den Besonderheiten Anderer beschäftigt Alexander Schelle schon seit seiner Kindheit. Heute durchbricht der NLP- und Hypnose-Coach in seinen Liveshows die Grenzen zwischen Neurowissenschaft und Entertainment. In seinen Seminaren und Vorträgen gibt er nicht nur Einblicke in unser Unterbewusstsein, sondern lehrt, wie man dieses Wissen für sich selbst positiv einsetzen kann.

Seine Leidenschaft für unser Unterbewusstsein inspiriert ihn zu immer wieder neuen Erfahrungen, kommen Sie mit und lassen Sie sich begeistern.

Weiteres zum Autor unter www.alexander-schelle.de